Ducks Home

〜シンプル北欧スタイル暮らし〜

ブログ「Ducks Home」主宰
miki

宝島社

はじめに

賃貸マンション暮らしで自分の部屋がなかった子どもの頃、シルバニアファミリーが私の宝物でした。家具の配置を変えたり、母からもらった余り布でベッドカバーを作ったり。お道具箱で作った小さなお部屋の模様替えが、楽しくて仕方ありませんでした。

そんな私が結婚して家を建て、本物のお家を自分の好きなように飾れることがうれしくて……。我が家のこまごまとした変化をブログに綴り始めたら、思いがけなくたくさんの方に見ていただいて、ついに夢だった1冊の本にすることができました。

かわいいもの、素敵なものに囲まれた暮らしはテンションが上がります！　この本を読んでくださる方にも、私のワクワク感が伝えられたらうれしいです。

もくじ

PART 1

PART 2

CONTENTS

PART 3

PART 4

PART 5

Ducks Home　プロフィール＆間取り図

外装も内装も白を基調としたお家。窓が多くてリビングには吹き抜けがあり、気持ちよく過ごせます。1階にキッチンとリビングがあり生活の中心に。2階はベッドルームとワークルームのプライベート空間ですが、まだまだ模索中です。

Ducks Home

夫と私のふたり暮らし。2010年の3月に念願のマイホームが完成。2LDKの2階建て1軒家で、理想の空間と暮らし方を求めて日々インテリアを見直し、ブログにその様子を綴っています。

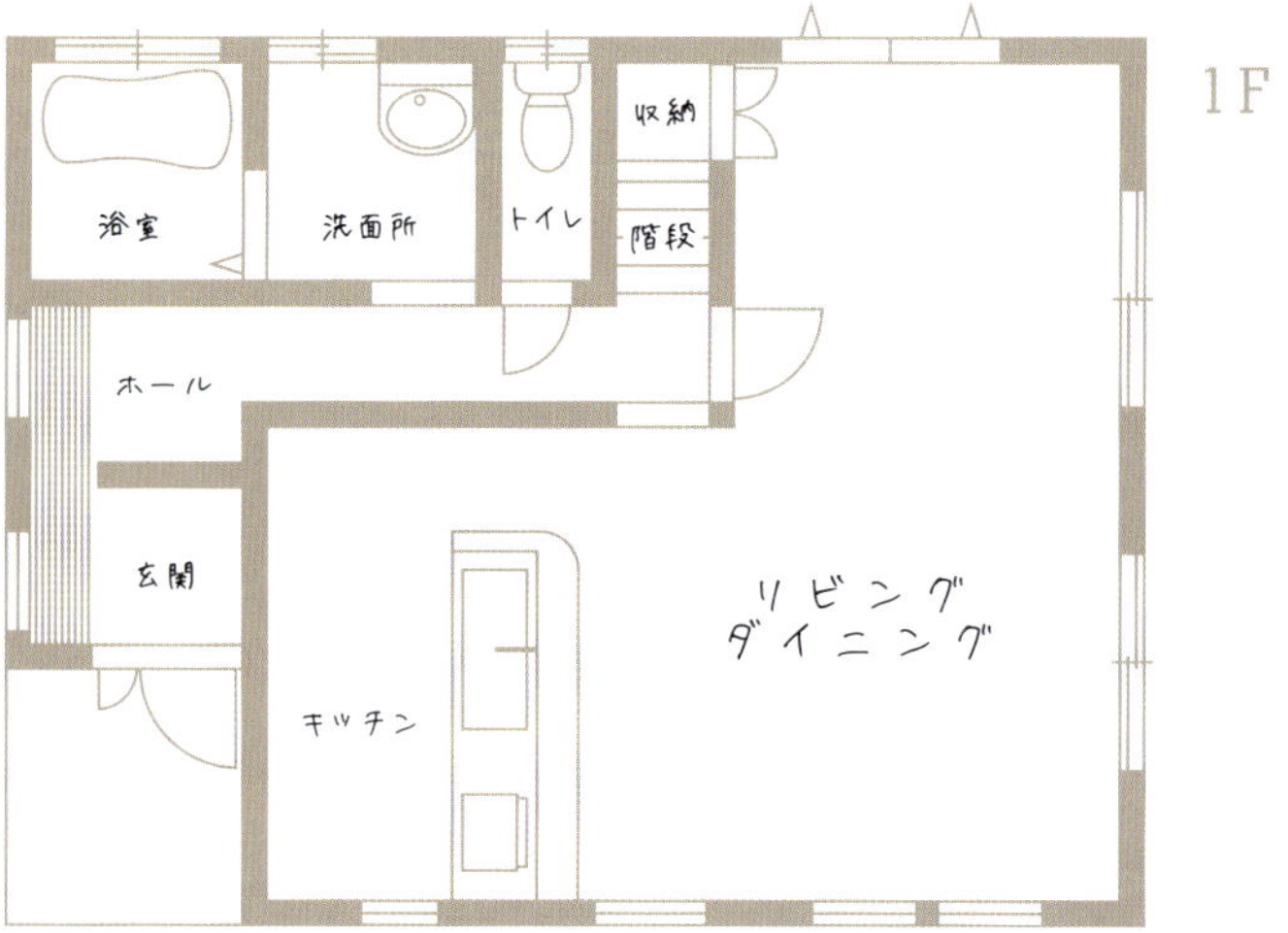

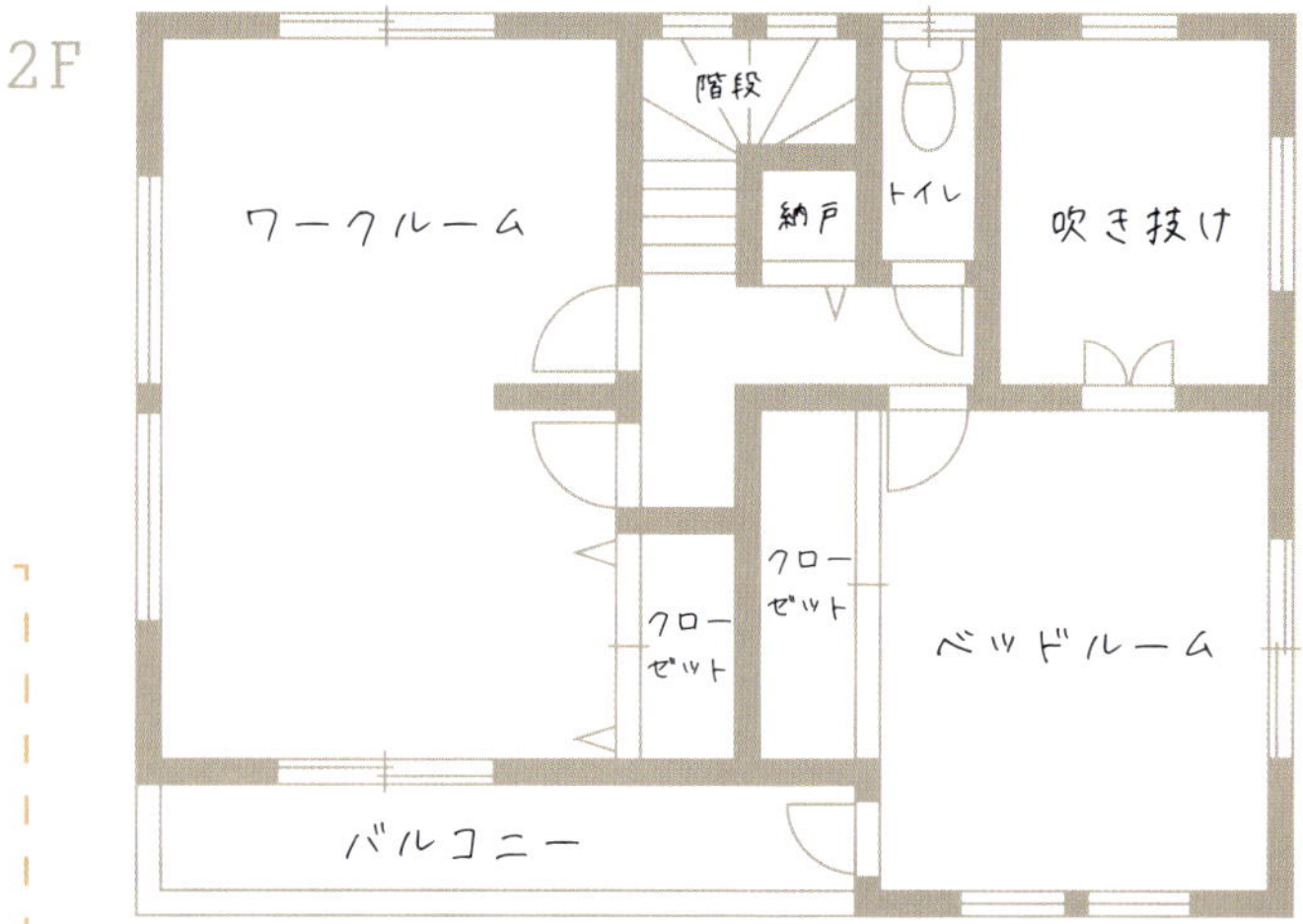

PART 1

Ducks Home流

シンプル北欧スタイルの作り方

Ducks Home

我が家の履歴をご紹介

結婚して1年たってこの家を建て、家具をイチから買い揃えるところから、家づくりはスタートしました。最初の頃は、とにかくシンプル&ナチュラルがテーマ。大好きな無印良品の家具をベースに、お気に入りの雑貨を飾る、といったスタンスでした。

そんななか、あるインテリア雑誌で、本当に素敵なお部屋の紹介記事を目にしました。ウッディな家具をメインに、和のテイストを程よくミックスした、なんとも温かみのある空間。「こんな暮らしがしたい！」これが私と北欧インテリアとの出合いでした。そこで新しい家づくりのコンセプトが決まったのです。

シンプル&ナチュラルがべ

皆様、いらっしゃいませ

季節感を出してお出迎え

ースなのは今でも変わりませんが、北欧インテリアに出合ったことで、自分の好きなテイストがようやく定まりました。それまでは試行錯誤の連続で、実は失敗もたくさん。それが自分の好みを知ってからは無駄な買い物もなくなって、長いお付き合いを予感させるものたちが増えてきたように思います。

まずは、そんな我が家の履歴をご紹介します。

BEFORE

2013.06.07
全部の窓をブラインドにしてすっきり

2014.01.08
ソファ2台の時代。家具が多すぎですね

2014.07.15
無印良品のソファをメインにしていた頃

2015.08.29
窓際にテレビを置いていたことも

1日のほとんどの時間を過ごす空間

キッチンに隣接する部分と、吹き抜けのある部分とが合体したリビングダイニングは、1日のうちのほとんどを過ごす場所。ご飯を食べたり、テレビを見たり、ゴロゴロしたり（笑）。一人のときも夫婦一緒のときも、活動拠点になる場所なので、居心地のよさを求めて、我が家で家具の配置を一番多く変えたのはここです。今使っているソファは3代目。実はかつて、このリビングダイニングに2台のソファが置いてあったことも。「これじゃ家具だらけ！」とさすがに落ち着かず、1台は2階へと移動していきました。長いこと、吹き抜けのある側に置いたこたつでご飯を食べていましたが、現在はキッチン横に置いたテーブルが食事場所に。料理したてをすぐ渡せるので便利だし、片付けも楽ということに気付き、現在はこの形に定着しています。

北欧ヴィンテージと
無印良品の
コラボです

NOW

1年中大活躍の無印良品のこたつ。北欧ヴィンテージの家具ともしっくりなじむ。

KITCHEN

我が家のメイン
大好きなキッチン

上段には
お気に入りの
木のトレイを

NOW 3段の木の棚には、お気に入りのキッチン雑貨を収納も兼ねて飾っています。

BEFORE

2011.10.21
初期の食器棚は白でした

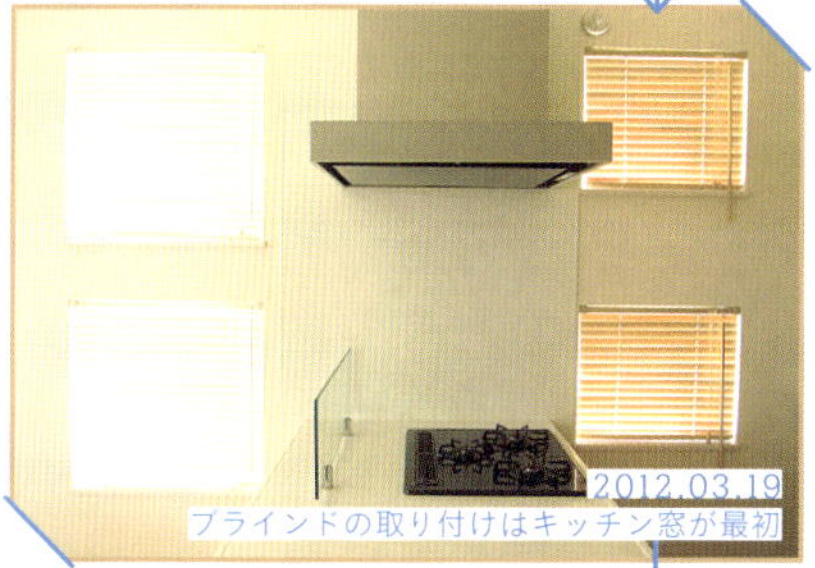
2012.03.19
ブラインドの取り付けはキッチン窓が最初

2012.04.27
棚ともなじむ無印良品の食器棚にチェンジ

キッチン台には
ものは置かない！

家を建てるとき、メインにしたいと考えたのがキッチンです。見せる収納を前提とした棚を付けたいと、まず最初に大工さんにお願いしました。ホコリがたまらないように、よく使う鍋類やトレイ、ポット類を並べて。かわいいお菓子や缶など、期間限定で飛び入り参加するアイテムもあります。白（シルバー）・黒・天然素材の色の3色限定にしているのもこだわりです。

WORK ROOM

お気に入りに囲まれて
作業もはかどる!?

白壁にアルテックの
ヴィンテージシェルフ
がアクセント

BEFORE

2012.09.26
ベッドルームとして使っていた頃

2014.06.13
マリメッコのファブリックがアクセント

2014.09.17
IKEAの白い棚を撤去して超シンプルに！

2014.10.02
カーテンからウッドブラインドに変更

ミシンをかけたり、いろんな作業をするワークルーム。1階とはちょっと違う雰囲気にしたいと思い、IKEAのデスクはあえて白を選びました。実はこちらをベッドルームにしてみたこともあったんですが、暖房がないため寒すぎて即時撤退！という苦い思い出も。白ベースにオークの色合いがポイントになっている今の感じは、けっこう気に入っています。

NOW　探し続けてやっと見つけたアルテックのヴィンテージ・ウォールシェルフ。これを取り付けたことで、気分もアップ！

BED ROOM

ついに理想のベッドルームに！

ランプシェードも

NOW

冬は枕カバーもニットなどの温かみのある素材を選びます。寝るとき使うのはひとつですが、たくさん置いてポイントに。

クロスは全体的に飽きのこない白にしましたが、ベッドルームだけは他の部屋との差別化を図りたくて、大好きなグレーを選択しました。実は冬のベッドルームが大好きなんです。というのも昨年買ったクリッパンの毛布が、イメージ通りのマッチングで。ついに理想とするベッドルームが完成しました。

無印良品の棚があったことも

BEFORE

2013.07.27
壁の棚を撤去したら、すっきり広々

2012.01.08
ファブリックパネルとカバーの色を合わせて

2011.10.23
主役のベッドはもちろん無印良品です

ENTRANCE

季節の変化を楽しむ工夫を

かごの中身は
車に乗るとき用の
ブランケット

NOW 無印のベンチの下に梅酒のビンを並べて。見せる収納!?

玄関を入った正面の壁では、額に入れたファブリックや絵がお出迎え。左側の収納スペースの上は、クリスマスやお正月などには、季節に合わせた雑貨を飾るデコレーションスペースになります。夏はスリッパをかごに入れて置くなど、シーズンごとに気分を変えて楽しんでいます。夫婦お揃いのビルケンは、出しっぱなしでもごちゃついて見えないよう白を選びました。

BEFORE

2012.08.15
ファブリックや絵で雰囲気は一変します

2014.08.18
収納を兼ねたかごを置いてアクセントに

2014.09.13
大好きな鹿児島睦さんの図案ポスター

シンプル北欧インテリア10の法則

好きなものに
囲まれながら、
すっきりと

1

目指すインテリアのテーマを決める

北欧インテリアに出合い、「私の好きなのはコレだ！」と心が決まってからは、新しく買うものに失敗が少なくなりました。北欧ヴィンテージ家具をはじめとした好きなものに囲まれながらも、すっきりと暮らす。これが私の目指すインテリアのテーマです。

北欧
インテリアとの
出合いは
この本でした

2 北欧アイテムを活かす空間作りを心掛ける

実はいろいろなアイテムを組み合わせて飾るのがどうも苦手で……。棚やニッチの飾り付けは、あっちに置いたりこっちに動かしたりと、試行錯誤を繰り返しているんです。基本的には、余白を残しつつポツポツと、ちょっと少なすぎるかな？と思うくらいの分量で、北欧アイテムを取り入れていくのが、ちょうどいいバランスだと思っています。

3 部屋全体の色は3色以内でまとめる

木の色、白（シルバー）、黒。部屋全体のベースになる色は、この3色に決めています。もともと木の色、なかでも温かみのあるオークが大好き。ヴィンテージ家具の引き立て役としては、白やグレーがぴったりです。他にキッチンには引き締め役として、黒のアイテムも。

これが我が家のテーマカラー

4 カーテンやブラインドは壁と同色にする

家中ほとんどの壁が白なので、一体化して広々と見えるように、カーテンやブラインドも白で統一しています。かつてはベージュだったカーテンを白いブラインドに変えたら、一気に空間が開けたイメージになったので、それからはこのルールを守っています。

白い面が多いと
すっきり広々

5 壁にはガチャガチャ飾らず余白を残す

1階はキッチンに取り付けた棚に、お気に入りの鍋やポットを並べた〝見せる収納〟が、インテリアのメインだと考えています。このキッチンを際立たせるためにも、リビングダイニングはなるべく白壁を残してシンプルに、を心掛けています。

6 家具は足付きで背が低いものを選ぶ

背の高い家具は圧迫感があるので、ちょっと苦手なんです。立ったとき目線に入らないくらいの背の低い家具だと、空間の広々としたイメージがキープできるし、上に飾った雑貨も映えて一石二鳥。足付き家具は床の部分が覗けるので、それだけでも広さが演出できます。

掃除機スイスイで
お掃除も楽！

お気に入りを
大切に使い続けたい

7 好きなものだけ選んで身軽に暮らす

好きなテイストだと思って購入したものの、インテリアに取り入れてみると、なんだかしっくりこない……。そんな経験を何度か繰り返した結果、より慎重にもの選びをするようになりました。最近では、じっくり選んで長く使えるものを買うように心掛けています。

床には
ものを置かない！

8 ものの置き場所を見極める

散らかさないための工夫として、ものの置き場所を決めるようにしています。決めにくいものの場合は、定位置が決まるまで「一時置き場」を作ってそこにしまっておきます。不思議といつまでも置き場所が定まらないものは、結局、いらなくなっちゃうんです。

キッチンの
ワークトップは
まっさらな状態に！

9 整理上手になる

面積の広い引き出しなどの収納は、油断すると中がごちゃごちゃに。そこで中面を細かく仕切って整理するように心掛けています。ストローや割り箸、固形スープなどキッチンまわりのこまごましたものは、さらにファスナー付き保存袋や密閉容器にイン！

仕分けには
無印良品や100円均一
ものが活躍！

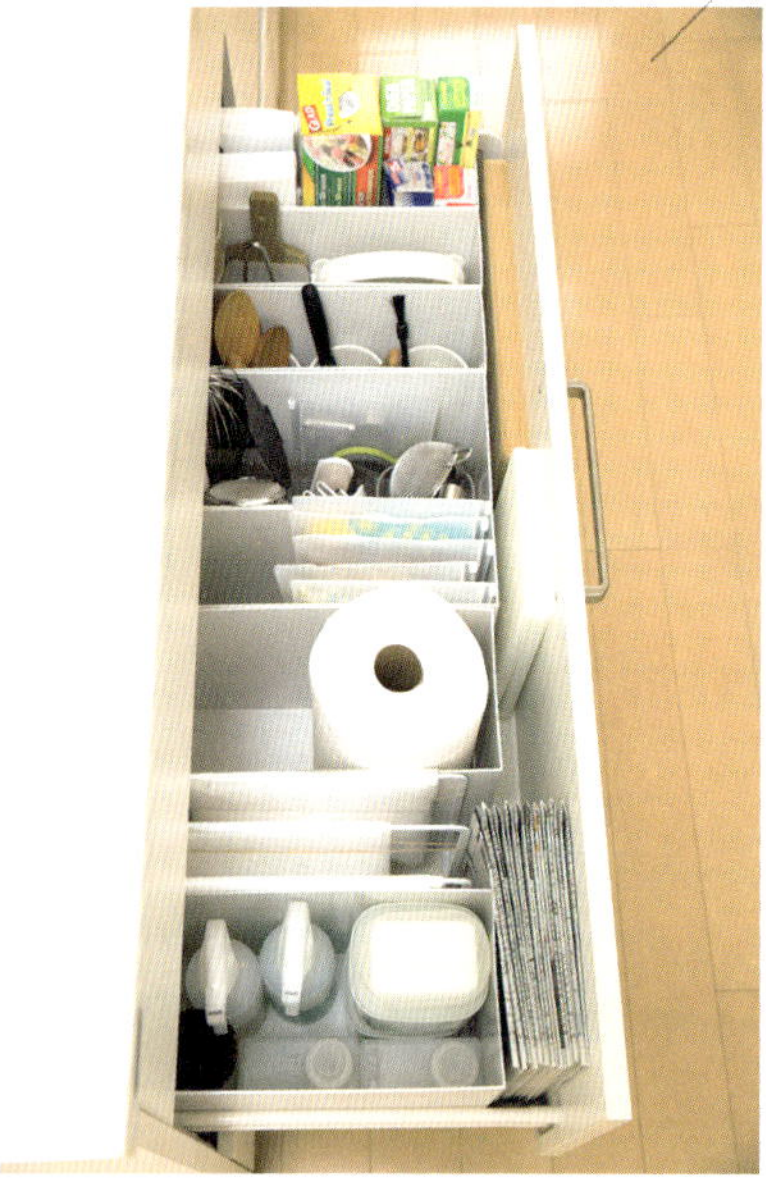

かごも
使える

10

そして何より、くつろげる空間に

毎日使うものこそ、使い心地やルックスにこだわりたいんです。好きなものに囲まれた暮らしは、何より居心地がいいから。最近自分たちの暮らしのペースが見えてきて、好きなテイストも定まってきたので、これからはずーっと使えるものを、少しずつ揃えていこうと思っています。

インテリアのフレームを作る家具の選び方

もともと木の色、特にオークの色合いが好き。デザインがシンプルで、どんなインテリアも引き立てる無印良品の家具が大好きで（お店に住みたいと思っていたくらい！）、この家の家具はほとんどが無印良品からスタートしました。北欧のヴィンテージ家具の存在を知ってからは、その実用とインテリアを兼ね備えた魅力のトリコに。ところが不思議なことに、無印良品の家具と同居させても、まったく違和感なくなじむんです。無印良品の家具の懐の深さに感動しながら、北欧ヴィンテージ家具探しの旅は、まだスタートしたばかりです。

北欧ヴィンテージを主役に

我が家のヴィンテージ家具は
すべてデンマークのオーク家具

左下の2段チェストが我が家のヴィンテージ家具第1号。夫が誕生日プレゼントに買ってくれました。

お部屋にヴィンテージ家具が1点入ると、厚みや重みが増していい感じの雰囲気になるんです。

ダイニングはYチェア
＋無印良品のテーブル

ずっと憧れだったハンス・J・ウェグナーのYチェアを、最近我が家にお迎えしました。お店に見に行ったとき展示されていたものが、経年変化を経てとても好みの感じだったので、同じオークのオイルフィニッシュに決定しました。フォルムも座り心地にも大満足です。このテーブルともなじんでいますが、現在はさらにぴったりなテーブルを探しているところです。

リビングはヴィンテージのサイドボード
＋無印良品のこたつ

ルックスのかわいさだけでなく、収納場所としてリビングの欠かせない存在になっているのがこのサイドボード。裏側に穴あけ加工をお願いして、ルーター類がすっきり収納できるようになっているのが自慢です。ほぼ1年中ここが定位置となっている無印良品のこたつとも相性バッチリ！

リラックススペースは ヴィンテージテーブル ＋無印良品のソファ

ワークルームにはかつてリビングで使っていたソファを仕切り代わりに置いて、作業に疲れたときはこちらでひと休み。このソファにはデンマークヴィンテージのミニテーブルが相棒です。ちなみにこの仕切りの後ろ側は、洗濯物を干すためのサンルーム的なスペースに。

ワークルームは IKEAのデスク＋無印良品の オープンチェスト

安くていいデザインが揃うIKEAの家具もお気に入り。「白」のバリエーションが豊富で、いろいろ選べるのもいいんです。他の部屋とは雰囲気を変えたかったので、デスクはあえて真っ白をチョイス。オークの家具を組み合わせて温かみをプラスしました。

キッチンの収納は 無印良品の棚＋IKEAのワゴン

我が家のキッチンにでんと構える無印良品の食器棚。初期の頃からキッチンを守ってきた、歴史と風格ある存在です（笑）。この食器棚の横の空きスペースに、測ったわけでもないのになぜかすっぽりはまってしまったのが、IKEAのワゴン。こういうのって、なんだかテンションが上がります!!

COLUMN

シンプルな動線で暮らしやすく

毎日の暮らしにおける動きが便利なことと、お掃除がしやすいこと。この2つはとても大切なポイントだと思っています。家具の配置で悩むのも、この2つのポイントのレベルアップを目指してのこと。試行錯誤の結果として行き着いた我が家の現状を、いくつかご紹介します。

BEFORE

ダイニングをキッチンの近くに配置

食事は長いことリビングのこたつでとっていたのですが、Yチェア購入とともにダイニングテーブルを設置。キッチンから直接手渡せる場所に置いたことで、食事の支度と片付けが随分と楽になりました。

ソファを仕切りにして空間を広く見せる

なるべく空間を活かしたいので、間仕切りは置かず、代わりにソファを使いました。この方法だと、開放感はそのままに、なんとなく部屋のスペース分けができるので、とても気に入っています。

PART 2

Ducks Homeを彩る

北欧雑貨と愛おしいもの

ずっとそばに置きたい北欧コレクション

きっかけは、映画『かもめ食堂』。もともとインテリアや雑貨は好きでしたが、映画の中に出てくる北欧雑貨にキュンキュンきて、その魅力のトリコになりました。イッタラやアラビアの器、マリメッコのファブリックと、手にしやすいアイテムから少しずつ。いろいろ見ていくと、北欧のものにもテイストがあることを知り、私が好きなのは温かみのあるベーシックなもの、と方向性が見えてきました。北欧の民芸品や手仕事の品、機能美を追求したシンプルなアイテム。そんな、ずっとそばに置けるようなアイテムを中心に揃えたいと思っています。

ハンス・J・ウェグナーのYチェア

冬の装い

ずっと憧れていたYチェア。どこから見ても完璧な美しいフォルムで本当に素敵です。お店に展示してあったのが同じオーク材のオイルフィニッシュで、5年経過した木肌の美しさに惹かれ、新品を購入して愛用中。10年、20年と人生をともにする相棒です。

デンマークの
ヴィンテージスツール

ヴィンテージ家具の魅力にハマってから、お迎えしたお気に入りのひとつ。デンマークのオーク材で、座面は籐の編み込みタイプ。ストリングシェルフの下に置いていますが、レトロな雰囲気がしっくりなじみます。サイドテーブルにしてもいい感じです。

ハンス・アウネ・ヤコブソンの
ヤコブソン ランプ

リビングの間接照明に選んだのが、スウェーデンの名作ランプ。パイン材を薄くスライスしたシェードが美しく、ちょこんと置いているだけでも絵になります。冬は夕方くらいからともして、部屋が徐々に温かな光に満たされていくのを眺めて楽しんでいます。

アルネ・ヤコブセンの
掛け時計 STATION

お部屋に合う時計を探し、あれこれ試しては「う～ん」。そしてたどり着いたのがAJクロック。単体で見ると「強いかな?」と思いましたが、白い壁に掛けてみると空間が引き締まり、大正解！ 大小をお部屋で使い分けています。

現行品ももちろん素敵ですが、ヴィンテージはやっぱり特別。私の宝物です。お気に入りは、カルタノ（右）、ファエンツァ（中）、クロッカス（左）。ヴィンテージとの出合いは一期一会だと思うので、ビビッときたら迷わず購入しています。

アラビアのヴィンテージ食器

イッタラのサルパネヴァキャセロール

映画『かもめ食堂』に憧れて購入した鋳鉄製のお鍋。木製ハンドルとの調和が素晴らしくてスタイリッシュ。もちろんずっしりと重いのですが、それも苦にならない素敵さなのです。毎日ご飯を炊くのが楽しくて、触れてはニンマリしています。

大好きな北欧カフェ「vokko」さんでひと目惚れして探しまわったアニータ（右）。スピサリブ（左）も何ヶ月も探して奇跡的に出合えました。ヴィンテージにしかない柄やカタチ。独特のかわいさが魅力的。眺めているだけでも幸せです。

グスタフスベリのヴィンテージ食器

ずっと欲しかったハンノキのブレッドバスケットと、偶然出合った丸いトレイ。スウェーデンのハンドメイドの品で、素敵なかご専門店「カゴアミドリ」さんで購入しました。何を入れてもかわいく見えちゃうから不思議。雑貨のように使っています。

スカンジナビアン
ヘムスロイドの
ブレッドバスケットとトレイ

初めてリサライオンを見たときに、その愛らしい表情やフォルムのトリコになり、「いつか我が家にお迎えしたい」と、憧れのアイテムになりました。初めは布ものや雑貨など手にしやすいグッズ

始まりは
コレから

ポストカードを
飾ってました

Mikey

Lion

Seal

仲間が増えました

から。右のポストカードをオブジェ代わりに飾って満足していましたが、「やっぱり本物が欲しい！」と、ついにライオンを入手しました。以来、シロクマやアザラシ、ディエチキャット、ブルドッグと、ひとつずつ迎えて充実のラインナップに。リサのオブジェを飾るだけで、そのコーナーが北欧テイストに変わるので、置き場所を変えて眺めています。ある意味インテリアの主役ちゃん。我が家のあちこちでほっこりと佇んでいます。

これさえあれば！北欧のテキスタイル

北欧の豊かな自然を描いた、美しく愛らしいデザイン。独特の色使いや幾何学模様も魅力的で、インテリアの中に置けばアクセントになり、北欧テイストの空間作りにお役立ち。なかでも、北欧の長い冬を楽しく彩る、ウール素材のブランケットやクッションカバーが大好き。素敵な北欧デザインに包まれて、ほっこり和む時間を大切にしています。また、マリメッコやアルテックなど、好きな柄のファブリックを購入して、お手製のパネルを作ったり、チクチク小物を縫うのも楽しい。北欧のテキスタイルは、我が家の暮らしや空間作りに欠かせません。

クリッパンのブランケット

使いっぱなしで放置しても素敵なクリッパン。数あるアイテムから選んだのは、ヘリンボーン柄のスローケット ポルカ。そして、ミナ ペルホネンとのコラボアイテムは冬のベッドルームの定番に。寒い冬、クリッパンに包まってコーヒーを飲むのが至福の時間です。

ミナ ペルホネンとのコラボ

ビヨルクのクッションカバー

秋冬の模様替えに大活躍する、ウール素材の手編みのカバー。なかでもビヨルクのドーナツ柄が大のお気に入り。色のバランスなのか甘くなりすぎず、程よくほっこり。

クリッパンのブランケットとも相性抜群で、北欧の冬を演出します。

ラプアン カンクリのブランケット

人気陶芸家、鹿児島睦さんの素敵なパターンが描かれたコラボアイテム。定番の花柄が猛烈にかわいい。車用にと小さいサイズを購入して、寒くなると持ち出しやすいように玄関に置いていきます。これで、車の中もさりげなく北欧テイストに。

マリメッコの布雑貨いろいろ

北欧といえばマリメッコは外せません。定番のウニッコをはじめ、シールトラプータルハなどの派手めな柄も、マリメッコは素敵なので大歓迎。ポーチは仕分け収納に便利なサイズ感で、どんどん増殖中。エコバッグとともにバッグの中のアクセントに最適です。

MY HANDMADE ITEMS

あずま袋

持ち手部分を結んで使う布バッグですが、かごに入れるととってもキュート。ものを入れて結べば目隠しに。マリメッコはリバーシブルにしました。

マリメッコ

IKEA

エコバッグ

お気に入りのエコバッグから型を取って作っています。同じ形でも布を変えればまったく異なる雰囲気になり、お友達のプレゼントにすることも。

マリメッコ

アルテック

トート

アルテックのH55のキャンバス生地で作ったトート。これが我が家のおやつ入れです。キッチンの脇に掛けていますが、なかなかいい雰囲気です。

北欧も日本のものも。やっぱり、かごが好き

ただそこにあるだけで、癒やしになり気分を高めてくれるかごたち。大好きです。極力ものを減らそうと、かごも定期的に見直しているけれど、知らず知らずのうちにまたひとつ……。集めてみるとやっぱり増えてる！それでも、あれば何かと役に立ってくれるんです。

大きなものは基本的に収納用に購入します。自然素材の素敵なデザインなら、雑多なものもかわいくしまえて便利です。小さいものは棚やコーナーに飾って、インテリアのアクセントに。国は違ってもしっくりまとまるから不思議です。さてこのかご病、いつ治まるのかしら。

ラック上から、北欧の白樺かご、ワランワヤンのかごバッグ。下置き右からsarasa design storeのラタンバスケット、ヴェルソデザインの白樺バスケット、ワランワヤン、市場かご、北欧のもみの木バスケット。

注ぎ口に惹かれるポットコレクション

無類のコーヒー好きで、飲むのはもちろん、淹れるのも淹れる道具も大好き。ということで、我が家にはポットがたくさんあります。こだわりは、お湯を細くゆっくりと注ぐための注ぎ口。見ているだけでうっとりします。そして、ステンレスやホーローのシンプルで端正な佇まいに、色はご覧の通りシルバーとブラック、ホワイトでテイストを統一。キッチンの棚に飾るように並べていますが、オブジェのように美しいのです。注ぎ口つながりで、紅茶用のポットも少しずつ。こちらは、ぽってりとしたフォルムで温かな気持ちになります。

①1Lたっぷり淹れられるイッタラのティーマ ティーポット。②直線的なデザインとザラッとした質感が好きなHASAMI PORCELAINのティーポット。③ウッドの持ち手が素敵なステルトンのエンマ バキュームジャグ。

①スウェーデンのヴィンテージ ステンレスポット。②月兎印のスリムポットは限定のマットブラック。③端正なステンレス製の仔犬印のコーヒーポット。④シンプルで使い勝手のいい工房アイザワのストレートケトル。

北欧と相性がいい日本の手仕事雑貨

ベーシックな北欧アイテムは、細部にまで丁寧な仕事が施されていて使い勝手がよく、日本の手仕事アイテムと通じる点が多いのではないかと思います。だからでしょうか、同じ空間に置いてもしっくりとなじみます。映画『かもめ食堂』でも、おにぎりをザルにのせていたり、銅製の卵焼き器や焼き網を使っていたり、北欧と和の調和がとっても素敵でした。そんなシーンを我が家にもと、調理道具や器を揃えるなど、少しずつですが日本の手仕事雑貨も増えてきました。こちらも末永くお付き合いしたい愛着品ばかり。見ているとほおが緩みます。

北欧のものと
不思議となじみます

井藤昌志さんの
シェーカーオーバルボックス

シェーカー教徒が作っていたオーバルボックスを、忠実に再現しているという井藤さんの作品。細部まで丁寧なつくりで、惚れ惚れする美しさ。妹からのプレゼントをきっかけに、我が家のコレクションアイテムとなりました。北欧のものと並べても素敵です。

高塚和則さんのテーブルウエア

木工作家さんの中で、一番好きな高塚さんのアイテム。全体に繊細な彫りが施されていて表情豊か。和食はもちろん洋食にも似合います。右の丸盆と角盆は一人膳に。中央はカタチもかわいいさくらのコースター、左はトレイのように使えるカッティングボードで食卓に映えます。

倉敷意匠のソーイングボックス

こちらは、誕生日に妹からプレゼントされたお裁縫箱。上段が左右に大きく開く仕組みで、ひと目で中が見渡せてとっても機能的。何よりナラ材を使用したナチュラルな風合いと、北欧テイストのシンプルなデザインは、我が家のインテリアにもぴったり。お裁縫気分も高まります。

機能的で使いやすい

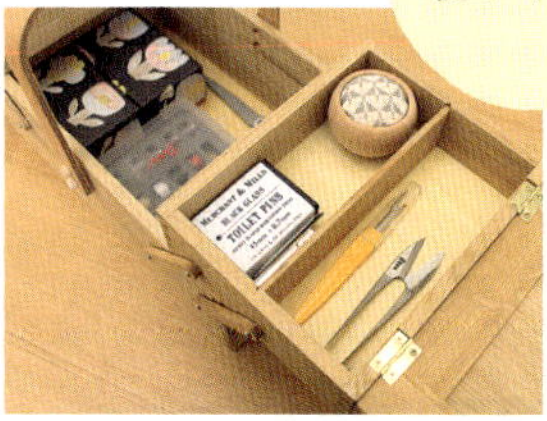

伝統的な竹細工のザルとかごいろいろ

職人さんの手作業で作られる、昔ながらのザルたち。美しい竹の編み目は入れるものに優しく、しかも丈夫。上の楕円の椀かごは食器の水切りに。下の持ち手付き楕円ザルは、器代わりなど用途はいろいろ。家事のテンションが上がります。

イイホシユミコさんのOXYMORONシリーズ

愛してやまないイイホシさんの器。アンジュールやボンヴォヤージュも好きですが、なかでも特にお気に入りなのが、鎌倉のカレー店「オクシモロン」とのコラボシリーズ。どんな料理も映えるマットな渋いグリーンがたまりません！

松屋漆器店の白木塗の三段重箱

映画『めがね』で使われていた白木の重箱。外側はタモ材のナチュラルな風合いで使いやすく、内側は華やかな朱塗りで彩りに。お正月のおせちはもちろん、おいなりやおはぎを盛ったり、器代わりにも使っています。

COLUMN

インテリアに合うシンプル家電を選ぶ

バルミューダ ザ・トースター

IKEA
TISDAG
ワークランプ

マキタ高性能クリーナー

デロンギ
マグニフィカS

リンナイ
ガスファンヒーター

バルミューダ
グリーンファン
ジャパン

存在感のある家電は、シンプルなデザインで、サイズもスリム＆コンパクトに。色は壁と同じ白かモノトーンで統一し、キッチンのみ調理道具と同系色のブラックも置いています。これで、無機質な家電も空間の中に溶け込んで、さほど気になりません。

PART 3

Ducks Homeならではの

無理なく楽しむ模様替え

季節感を演出する模様替えテクニック

お部屋の模様替えは洋服の衣替えをする感覚です。主に春夏と秋冬の2シーズンに、ファブリックなど季節感のあるアイテムや色、柄を取り入れています。春夏はそうでもないけれど、寒くなると「待ってました！」と特に気分が盛り上がります。なぜか「冬仕度」という言葉に心が躍るんです。

クリッパンのブランケットやビヨルクのクッションカバーをはじめとする、かわいいもこもこアイテム。そして、温かなキャンドルやライトの間接照明も、憧れの北欧の冬を演出します。

模様替えのポイント

季節に合う素材をポイント使い

秋冬はウールやもこもこ素材で
ほっこりムードを高めます

クッションカバーやブランケット、ベッドカバーなどのファブリックアイテムを、寒くなる頃にウール系素材に総入れ替えします。ぬくぬくの素材感で、温かな雰囲気に包まれてリラックス。

春夏はガラスやリネンなど
涼やかなアイテムをさりげなく

ぽかぽかと過ごしやすい気候になると、透明感のあるガラス小物をオブジェに使ったり、クロスやブランケットをリネンやコットン素材に変えて、部屋の印象を軽やかにしています。

大胆に色を変えてみる

お気に入りのテキスタイルも
カラーチェンジで効果大！

好きな布を入れたお手製パネルなら、自由に色や柄を変えられて模様替えにお役立ち。玄関や廊下のコーナーなど、パッと目に入る場所に掛ければ、より効果的です。

ソファカバーを変えるだけで
印象がガラッと変わります

もともとのカバーに合わせて黄色のカバーをハンドメイドし、気分や季節に合わせて着せ替え。これだけでソファを入れ替えたような印象になって、空間に鮮度を与えます。

季節の
模様替え
1
リビングは色・と素材・で大胆チェンジ

春夏

メリハリを付け軽やかに

家の中心となるリビングは、季節ごとにアクセントになるファブリックアイテムを入れ替えて楽しんでいます。例えば、春夏はマスタードのラグと爽やかなパターンのクッションカバーで軽やかに。暖かくなるにつれ、インテリアも洋服みたいに引き算をして、すっきりさせるよう

思いきってマイナスすることも大事

HIGH ANGLE

秋冬

もこもこで重厚感アップ

HIGH ANGLE

秋冬は、ダークトーンのもこもこアイテムを多めに置いて、温もり感を演出します。クッションの数を変えたり、季節に合うソファカバーやブランケットを掛けるだけでも気分が上がります。反対に秋に心掛けています。

季節の
模様替え
2

家の顔になるコーナーは鉄板コーデで

春 夏

ガラスとリネンで
すっきりまとめる

秋

秋色マリメッコを
ポイントに

ストリングシェルフとヴィンテージのスツールを組み合わせた、お気に入りコーナー。シェルフのコーディネートはほぼ定まっているので、春夏に木のトレイとガラスのアイテムを入れ替えるだけ。そのぶんスツールの上は季節ごとにチェンジします。春夏はリネンのブランケット、秋はウールのブランケットと秋色のクッション、冬はもこもこのラグとウールのクッションという感じで、寒くなるにつれボリュームアップしながら季節感を演出しています。

冬

クッションタワーの
お気に入りコーデ

季節の
模様替え
3

ベッドルームはテキスタイルで遊ぶ

春夏

ホテルっぽい大人な空間に

シンプルなカバーで
すっきりと

洋画のワンシーンに出てくるようなベッドメイキングに憧れ、枕まわりはクッションを組み合わせたホテル風コーディネートに。季節に合わせて色や素材を変えて遊んでいます。一番目に入るベッドカバーは、基本的に壁の色に合わせたグレー系でシンプルに。秋冬は大好きな北欧のテキスタイルで、くるっと包み込みます。そして壁面のニッチには、ワンポイントの小物を。春夏はガラス、秋冬はキャンドルを飾って、小さな変化を楽しみます。

秋 冬

好きな柄で北欧モード全開に

枕とクッションの組み合わせテク

差し色を1点明るい色に変えて

爽やかなチェックからニットに

季節の模様替え
4 ワークルームは棚ごと変えてみる

春夏
白壁を活かして爽やかに

秋冬
ウッドの棚で温かみをプラス

コーナーのみ模様替え

白壁となじむように設置した飾り棚で、ディスプレイをすっきりまとめていた春夏。そして今年の秋冬は、ようやく出合ったアルテックのウォールシェルフに変更。ヴィンテージの味のある色合いもあいまって、かなり温かみが増しました。棚だけ変えても意外に効果的です。

季節の
模様替え

5 トイレは飾り棚に季節の彩りを添えて

春 夏

ビビッドカラーで明るい雰囲気に

秋 冬

シックカラーで落ち着きを

入口付近に作った飾り棚に、発泡スチロールの板に好みの生地を巻いたボードをはめ込んでいます。壁もブラインドも真っ白なので、ここの色や柄を変えるだけで効果てきめん。マリメッコやアルテックなど北欧の柄と季節の色を使っています。

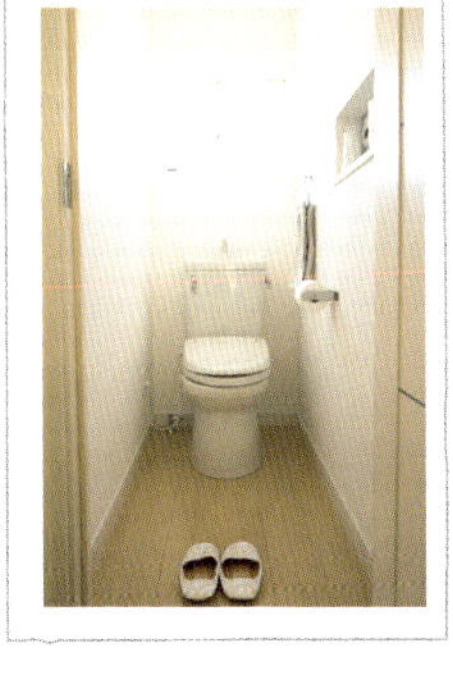

アクセント以外
はシンプル

季節の
模様替え
6

玄関は季節の小物使いで楽しく演出

春夏

グリーンを使って新緑をイメージ

秋冬

かご使いを変えて簡単イメチェン

下駄箱の上は小さな見せ場

春 夏

お気に入りのフラワーベースやピッチャーを使って季節の草花を生けたり、蚊取り線香をたいてみたり。白い空間にワンポイントで清らかさを表現してみました。

秋 冬

秋冬の大きなイベントの演出をここに集約。小さなリースやしめ縄、キャンドルや花器などを組み合わせてミニマムに。こうして少ない小物でシンプルにまとめるのが好きです。

玄関の入口正面には、無印良品のベンチを置いたミニコーナーを作っています。春夏は植物やガラス小物など、涼やかなアイテムが出迎え、暑い夏にはかごにビールを入れて置くことも。秋冬はベンチの上にかごを置き、車用のブランケットを入れてほっこりとした雰囲気に。実用を兼ねたディスプレイも、かわいくなるように工夫しています。また、下駄箱の上には季節の小さな設えを。シーンに合う色や香りを添えています。

プチ模様替えで日々、進化する

模様替えのタイミングは、ある日突然やってきます。「やっぱり、これはこっちがいいんじゃない？」と、模様替えというよりベストな配置やコーディネートを求めて、お試しする感じです。ひとつのアイテムをいろんな場所に置きながら2～3日眺め、しっくりこなければまた移動。自分の中でピタッとくるまでこの繰り返し。使い方や組み合わせを変えてみたりと、思い付くまま試していると、部屋の印象も自然に変わっていきます。こうして理想的な空間を作るために、現在も日々模索中。終わりなき作業のようですが、私にとっては幸せの時間です。

プチ模様替えに活躍する便利アイテム

掛けても置いてもかわいい
アートパネル

右はダーリン・クレメンタインとセブンティ・ツリーのポスター。左はバーズワーズのシルクスクリーン。北欧のお部屋によく合う作品で、飾る場所を考えるのも楽しいです。

色を揃えて楽しんでいる
イッタラのキビ キャンドルホルダー

深みがあるキレイな色ガラスの中から、我が家のインテリアになじむカラーをコレクション中。数種をまとめて飾ってもよし、単体でちょこちょこ置き換えるのもいいのです。

置くだけで絵になる
ケーラーのフラワーベース

ストライプ柄のオマジオは、お花がなくても華やかに飾れて、コーナーがグッと引き締まります。左は波佐見焼のものですが、北欧アイテムと相性抜群です。

温かなムードを作る
IKEAのキャンドル

ガーリーなものではなく、シンプルな形で、色もグレーにホワイト、マスタードと渋めが好き。寂しげなコーナーに、ちょこんとひとつ置くだけで温かな雰囲気に。

見せる収納にもなる
北欧の小さなかご

経年変化で味わいが増し、オーク材の家具ともいい感じになじんできた白樺のかご。我が家の白い空間によく映えて、北欧のほっこりとした雰囲気作りにお役立ち。

プチ模様替え

1 コーナーをお気に入りのアイテムで飾る

チェストとのバランスが大事

廊下のチェスト

現在はお手製のあずま袋を入れたかごバッグを置いていますが、ヤコブソン ランプとリサの動物オブジェや、バーズワーズのパネルにキャンドルを組み合わせて、北欧テイストにするのも素敵。

我が家の家具は背が低いので、チェストやサイドボードの上も、ディスプレイの見せ場になります。新しく迎えたアイテムや置き場所を迷っているアイテムは、ちょこちょこ移動してベストな場所を探すのですが、これがプチ模様替えにもなって一石二鳥。リビングのニッチも同様に、キッチンから眺めてはしっくりくるコーディネートに入れ替えています。

リビングのサイドボード

上はダーリン・クレメンタインのパネルにしろくま貯金箱とキャンドルを配置。下はヤコブソン ランプとシェーカーボックス、リサのアザラシにグリーンを添えて。

広い空間なら
灯りの演出も効果的

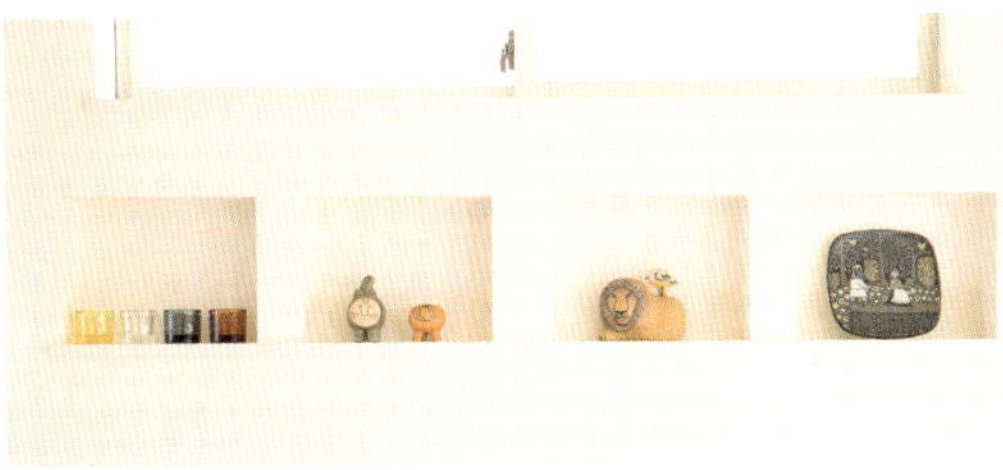

リビングのニッチ

奥行きが浅く、置くものが限られるスペースなので、より厳選したお気に入りを並べます。リサのオブジェやキビなど、下にある黒くて大きなテレビの存在感を和らげるようなコーディネートに。

プチ模様替え

2 ひとつのアイテムを賢く使いまわす

組み合わせを変える

素材を変えてみる

詰め込んでもかわいい

用途を変える

キッチンに

スツールをテーブルに

シンプルな暮らしのために、限られたものを上手に使いこなすよう心掛けています。例えばディスプレイの小物も、トレイをステンレスから木製に変えたり、ちょっとしたアレンジで新しい魅力が見つかります。また、保存ビンなら保管や収納の他に、クリスマスの飾りにアレンジするなど用途を広げることで、置き場所も変えられます。

プチ模様替え

3

食器使いで食卓の雰囲気を変える

お気に入りコーデ

朝食

夕食

いろいろなシーンを彩る

ティータイム

クリスマスパーティーに

手作りおやつも北欧テイストに

料理はあまり得意ではないけど、食器は大好き。北欧のもの、日本の作家ものなど、気付いたらいろいろ集まってきました。それを無駄にしないようにと、毎日の食卓やティータイムに使っているのですが、食器を変えるだけで食卓の雰囲気も変わって楽しいです。何よりお気に入りの器なら、盛り付けにも気合が入ります。

COLUMN

季節を楽しむ保存食作り

梅干し

あんずの
シロップ漬け

いちごジャム

梅サワー

飾っても
素敵な梅酒

少しずつ楽しんでいる季節の保存食作り。材料を揃えれば仕込むのはとっても簡単。あとは時間にお任せです。かわいいビンに詰めて飾れば、その過程も風景の一部に。できたものはおすそ分けしたりお菓子を作ったり。暮らしを豊かにするツールです。

PART 4

Ducks Homeに大切な

シンプルに暮らすための収納術

インテリアとして楽しむ「見せる収納」

お気に入りの雑貨をインテリアとして飾りながら収納する「見せる収納」は、我が家のテーマのひとつです。一番気をつけていることは、なるべく〝よく使う〟ものを置くこと。どんなに見た目が素敵でも使わないものばかりを並べていると、いつの間にかホコリがたまって結果的に掃除が大変に……。特にキッチンではそうならないよう心掛けています。ある程度の余白を残して並べ、色は3色くらいに抑えるとすっきり。雑多な印象になりがちな細かいものはトレイやボックスにまとめて、全体のバランスをとるようにしています。

見せる収納に活躍するアイテム

どこに置いても絵になる
大小のかご

出しっぱなしにしておいてもおしゃれに見えるかごは、収納においても本当に頼れる存在。玄関やリビング、キッチン、そして車の中でも！　あちこちで活躍しています。

取り付けも簡単な
無印良品の木製フック

好きな場所に取り付けられる無印良品のフック。木製なのでインテリアにもなじみやすいです。

シンプルだけどインテリアに映える
スタイリッシュBOX

ステルトンのブレッドボックスは、キッチン以外の収納にも使えて大活躍。D&DEPARTMENTのボックスはサイズ違いで重ねて飾ると、おしゃれな雰囲気になります。

実用性とかわいさを
兼ね備えたコーヒー缶

コーヒー豆を入れるのはもちろん、生活感の出るお茶やティーバッグ、インスタントものなどを隠すのに便利。見た目重視でかわいいものを集めるのが好きです。

at
KITCHEN

キッチンのオープン棚
お気に入りの道具をディスプレイして楽しむ

ボックスで
まとめて収納
上の段は
かわいく収納するのに
万能なコーヒー缶

家を建てるとき、一番こだわったのがキッチンのオープン棚です。大好きなキッチン雑貨たちをいつでも眺められるように……と大工さんにお願いして作ってもらいました。並べるものは何度も見直しを繰り返し、最終的に「白(シルバー)、黒、(木やかごなど)天然素材の色」の3色にしぼった、現在の感じに落ち着きました。並べるときは等間隔に、端から中央に向かって低くなるように配置するとすっきりとした印象に。

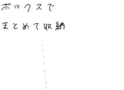

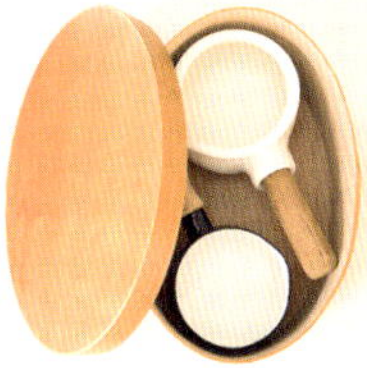

①

**ミルクパンは
シェーカーボックスにIN**

ふたのないミルクパンは、偶然にもサイズがピッタリだった、シェーカーボックスにふたつまとめて収納しています。

①

**ブレッドボックスには
キッチンクロスを**

ランチョンマットにしたり、かごに掛けて目隠しに使ったりと便利なクロスは、立てる収納で選びやすい工夫を。

①

**コーヒーグッズは
ブレッドバスケットに**

こまごましたものはジャンルごとにブレッドバスケットにまとめて。奥のものも取り出しやすく見た目もすっきり！

②

**お正月グッズは
ひとまとめに**

年に一度しか使わないお正月用の食器や箸置きは、お重にまとめて収納。これで散らばらずに、探さなくてすみます。

③

**サイズ違いをあえて
ラフに並べる**

コレクションしているカッティングボードは、立てて並べることで選びやすくしています。

④

**インスタントものは
コーヒー缶で隠す**

ティーバッグ、インスタントのお茶やスープなど生活感のあるものは、お気に入りのコーヒー缶に入れて目隠しするのが◎。

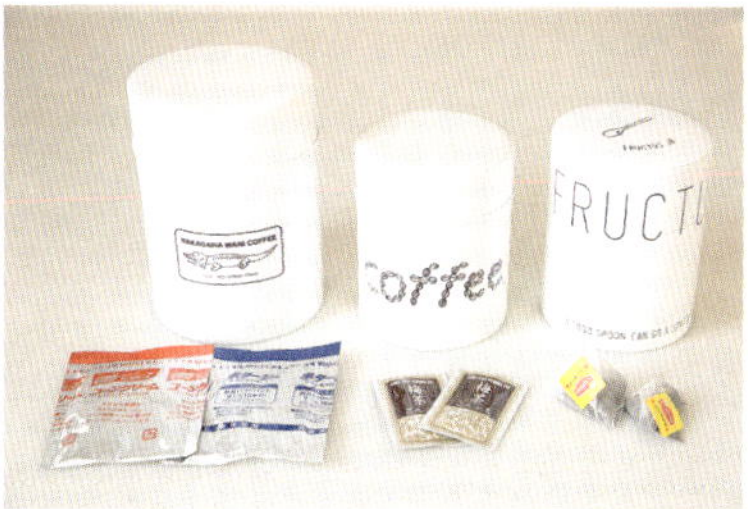

リビングダイニング
見せる収納と隠す収納でメリハリを

リビングダイニングにあるストリング社のシェルフには、大好きなリサ・ラーソンの動物オブジェや白樺バスケット、チボリオーディオなどをディスプレイしています。北欧雑貨の中に置いても不思議となじむ、井藤昌志さんのシェーカーボックスはサイズ違いで重ねて。色のトーンを抑え、グリーンで彩りをプラスします。

POINT
小物収納テク

かごに入れて持ち運べるように

散らばりがちなリモコンは、まとめてかごの中にIN。掃除をするときなども、持ち手付きならさっと動かしやすいのも魅力。

①

見せるものと隠すものを分ける

見た目のかわいいコットン糸は、トレイにまとめて見せる収納に。シェーカーボックスには家具用メンテナンスオイルを。

at ENTRANCE

玄関のコーナー
季節に合うものをかごに収納して飾る

クロスで
中身を目隠し
すっきり

我が家の収納に欠かせないかごたち。玄関ではかごを使った収納兼ディスプレイを年中楽しんでいます。冬は車用のブランケットを入れ、夏にはビールのストックを入れていることも。お気に入りのクロスで目隠しをすれば見た目もすっきり！気分に合わせてクロスを変えればプチ模様替えにもなります。持ち手付きを選べば掃除のときもさっと移動できて便利です。

② **サイズ違いのビンもかごでまとめる**

不揃いのビンは、大きなかごにまとめて収納。光がさえぎられるので冷暗所保存が必要な保存食もこれなら安心です。

① **見せたくないものはお気に入りのクロスで隠す**

お気に入りのクロスを使えば、インテリアにもなって◎。目隠しの他にホコリ除けの役割も果たしてくれます。

見せる収納アイデア集

よく使うものほど見た目を厳選したものを

お掃除グッズも
一緒に掛ける

①

日常使いするものはお気に入りを選んで飾る

ミトンや鍋敷きなど、料理中にさっと使いたいものは、冷蔵庫横に付けたフックに。すぐに手に取れるし、使用後も戻しやすくて大助かり。

油断するとすぐに生活感が出てしまう見せる収納では、厳選したもの選びが重要だと思っています。それ自体がかわいくてもまわりの雑貨たちとの相性が悪いとそれだけで雑多な印象に。もうひとつ心掛けているのがものの収納場所をきっちりと決めてしまうこと。そうすることでものの一時置きをしなくなり、出しっぱなしになるのを防げます。片付けるときにこれはどこにしまおうかな……と考える必要もないので時短にも。

②

お米はお気に入りのお鍋で炊く

炊飯器は置かず、お米はお鍋で炊くのが習慣。毎日使うので、出していてもスタイリッシュなイッタラをセレクトしました。

④

実用品もお気に入りを選べばインテリアの一部に

車に乗るときに使うブランケットは、かごにまとめて見せる収納に。取り出しやすいのも便利で、お気に入りのポイント。

③

かごにまとめて取りやすくする

ついつまみたくなるお菓子は、手に取りやすいようにかごにまとめ置き。来客があってもこのままテーブルに出せて便利。

⑥

マグネットフックを使い、掛けて収納

毎日使う米とぎザルは、レンジフードに掛けて収納。使った後は洗ってしっかり水気をきり、そのままここで乾燥も。

⑤

ティッシュボックスも簡単アレンジ

生活感の出てしまうティッシュボックスはconcrete craft の BUTTON TISSUE BOX にIN。箱ごと入るので入れ替えも簡単。

無印良品&プチプラで細かく区切ってすっきり収納

引き出しや棚の中など、限られたスペースにより多くのものを収納するために私が取り入れている方法は、「ファイルボックスやトレイを使ってとことん区切る」というものです。ジャンルごとに分類して収納することでものの量も簡単に把握でき、後片付けもとても楽になりました。またトレイなどを使って引き出せるようにすれば、奥のものもすぐに出し入れしやすく、スペースも無駄なく使えます。洗面所では中身をひと目で確認できるように透明や半透明のケースを使い、夫が使うときにもわかりやすいよう工夫しています。収納グッズは無印良品や１００円均一で購入することが多いです。

しまう収納に活躍するアイテム

洗剤などのボトルはすべて白で統一してすっきり見せる

洗濯や掃除に使う洗剤などのボトルは、清潔感のある白で揃えるようにしています。全部白で揃えるというちょっとしたことですが、テンションが上がって日々の洗濯も楽しくなります。

戻す場所がわかるように引き出し内は細かく仕切る

面積の広い引き出しなどは、無印良品や100円均一のアイテムを使って、細かく仕切って収納しています。ひとつひとつのものの住所を決めることで、使った後に戻すのが習慣になり散らかり防止に。

とにかく使える無印良品のファイルボックス

我が家の収納にはなくてはならない存在が、無印良品のファイルボックスです。角が直角なので変に隙間ができることもなく、ぴったり納まるところもお気に入り。これでとことん区切っています。

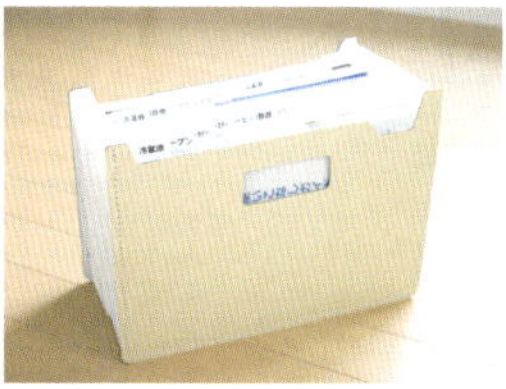

大切な書類や取説は1ヶ所にまとめて管理

必要なときすぐに取り出したい取扱説明書は、ドキュメントファイルを使って一ヶ所にまとめて収納しています。保証書も一緒に入っているので、必要なときはすぐに見つけることができます。

引き出しの代わりにもなるかご

見せる収納でも大活躍だったかごは、背の低いものを選べば棚の中で引き出し代わりに使えます。棚がガラス扉の場合は、目隠しの役割も果たすので、外から見たときすっきりした印象に。

食器はもちろん、お鍋にポット、カトラリー、保存容器に至るまで、とにかくキッチン雑貨が大好きで、我が家の中で一番ものが多いのもキッチンです。そのまま収納したのでは到底収まりきれません……。そこで、大きな引き出しは中を細かく仕切って小分け収納を可能に、棚はかごを入れて引き出しの代用に、食器はトレイにのせて引き出せるようにして、空間を最大限に有効活用できる収納を心掛けています。

引き出しを作れば出し入れも楽ちん

引き出しは使いやすくカスタマイズ

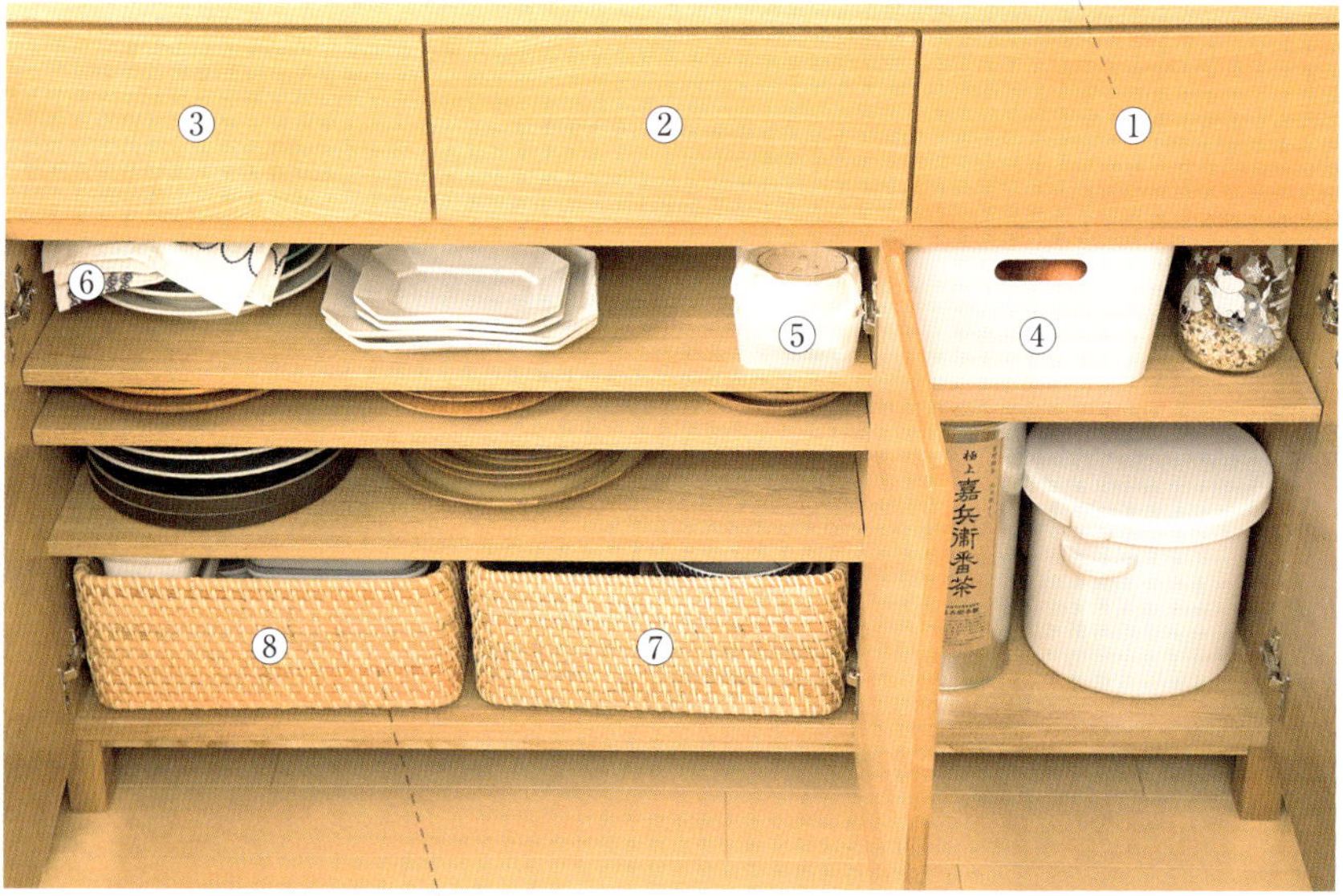

取り出しにくい下の段は引き出しに

収納棚

① スライド式の棚を手作りして収納力アップ

深さのある引き出しを、アクリル板で2段にカスタマイズして空間を無駄なく使うように工夫しています。

② ケースで仕切って小物は細かく分類する

コーヒーフィルターや袋止めクリップなど、すぐに取り出したいものはケースで仕切ってわかりやすく。

③ 仕切り板で用途別に立てて収納

無印良品のスチロール仕切り板を使ってクロスを立てて収納。4分割にして用途別にして分けています。

④ 根菜はケースに入れて陽の当たらない棚の中へ

表に出しておくとすぐに芽が出てしまう根菜は思いきって棚の中へ。IKEAの丸洗いできる素材で清潔に。

⑤ 割れやすいカップは布でカバーして保護

お気に入りのガラスの器は、余り布で作った袋に包んで収納。さらにトレイにまとめておけば、安心です。

⑥ 繊細な食器は布で保護

大切にしている作家ものの器は、重ねるとき間に布を挟んで、傷がつくのを防止しています。

⑦ バスケットにまとめて引き出し代わりに

丼などの高さがある食器はかごの中で重ねて収納しています。隙間なく並べることで倒れるのを防ぐ役割も。

⑧ 保存容器もまとめて収納

意外と場所をとるホーローの保存容器は、まとめてかごに収納。同シリーズで揃えれば重ねやすくて◎。

POINT
棚板を使いやすい高さに自分で調節

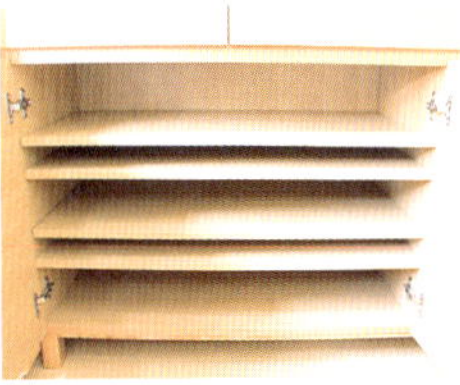

調節可能な棚は、入れるものによって高さをチェンジ。高くするとお皿を重ねがちなので、あえて低くしたのがポイント。

食器は種類ごとにまとめて整頓

② アイテム別にまとめておく

計量カップやマグボトルなども、無印良品のPP整理ボックスにまとめて引き出せる収納にして散らばりにくく。

棚の奥のものはボックスで引き出しやすく

棚の奥に収納した食器は、ボックスにまとめておけば使うときに丸ごと簡単に引き出せて便利なんです。

① 同じ用途のもの同士でまとめる

形やサイズが不揃いなミルクピッチャーは、無印良品のPP整理ボックスにまとめて取り出しやすく工夫。

POINT
トレイや盆を引き出しにする

高さを狭くした部分には、ボックスや木盆を入れて引き出し風に。奥のものも取り出しやすい。

④ 高さのあるものは引き出し風のバスケットへ

一番下の段は無印良品のバスケットを引き出し代わりにして、ガラスボウルや小鉢、スープカップなどを収納。

③ 豆皿や小皿は角盆に並べて選びやすく

ついつい集めてしまうかわいい豆皿などは、縁に高さのある角盆に並べて。取り出しやすく選ぶ楽しみも。

お気に入りの
ヴィンテージ食器は
ここ！
②
①
水のストックは
ここ！

② ヴィンテージ食器はショップ風にディスプレイして楽しむ

宝物の北欧ヴィンテージ食器は、リビング側の収納棚にまとめています。使うときに、どれにしようかな……と選ぶ時間もまた楽しい気分に！

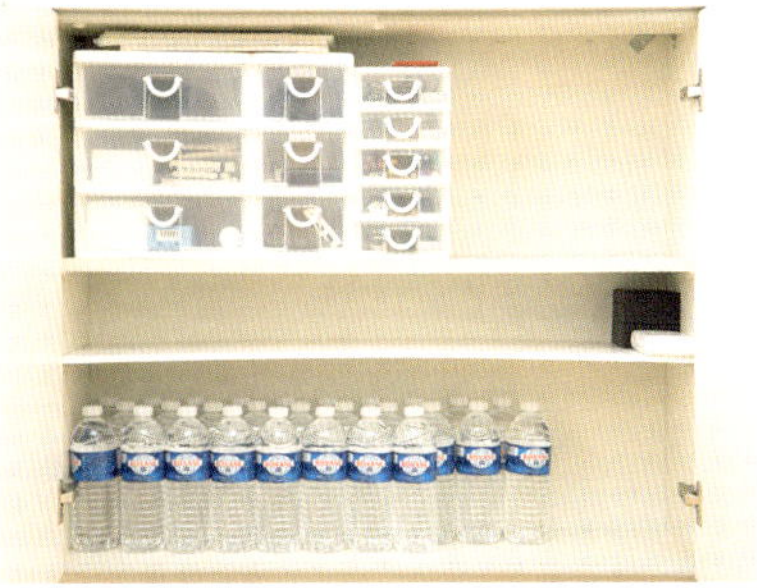

① 水のストックもリビングに

水を冷蔵庫に補充するのは夫の役目なので、夫の席に近い棚にまとめて収納して、取り出しやすく。

POINT
プレートは
立てて収納

棚の奥行きが浅すぎて入らなかったお皿は、ブックスタンドを使い、お皿を立てて収納することで解決しました。

引き出しは細かく分けて仕分け

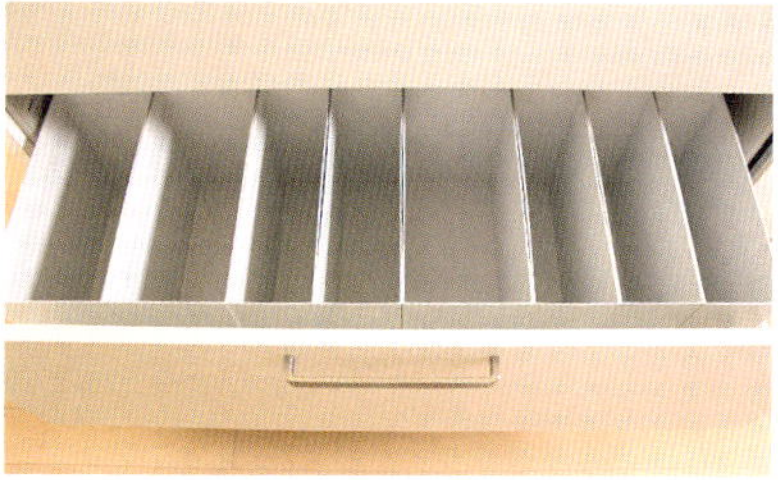

細かく区切ると
整頓しやすい

POINT

大容量の引き出しも ファイルボックスで整頓

深さがある引き出しはそのままだと使いづらい……。無印良品のファイルボックスで細かく区切れば、ジャンルごとに収納できて◎。

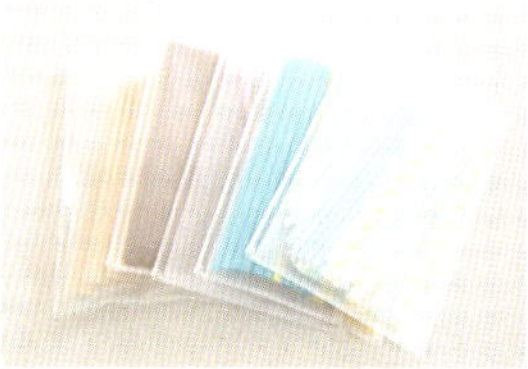

③ ファスナーケースで アイテム別に収納

そのままだと衛生的に不安なストローや割り箸は、ファスナー付きケースに入れて、立てて収納しています。

② とことん仕切って 快適収納

形が揃わず収納しづらいキッチンツールは、中をとことん仕切って収納。ピーラーはファスナーケースに。

① キッチンツールは 背の順にする

2軍のキッチンツールは、ファイルボックスに入れたツールスタンドに収納。奥に行くほど背の高いものを。

食器棚〜シンク下

シンク下引き出しは
2ヶ所あります

上段の中身は
こんな感じ

下段の中身は
こんな感じ

④ ごみ袋はサイズ別でふきん掛けに掛ける

引き出しの中に入れたふきん掛けには、サイズ別にごみ袋をかけてゴムバンドを。1枚ずつ取りやすくて重宝。

⑦ レトルトのストックは立てて収納

鍋つゆや無印良品のレトルトカレーは、並べて選びやすく。各ストックはここに入るぶんだけと決めています。

⑥ 乾物などは密閉容器に移して保存

フリーズドライのおみそ汁や乾物などはオクソーのポップコンテナに移して保存。透明なので残量も一目瞭然。

⑤ 白か透明のボトルやビンで残量を把握する

洗剤やお掃除グッズは白いボトルや透明ボックスに。清潔感があるし、残量がわかるので買い足し時期もばっちり。

引き出しのサイズに合ったものを見極める

コンロ下の収納は
5ヶ所あります

種類ごとに
まとめて収納

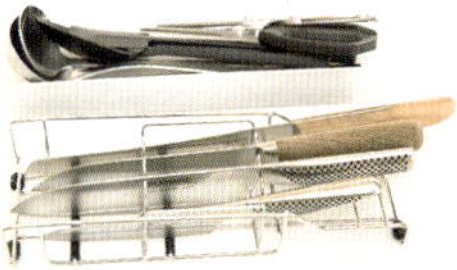

① よく使うキッチンツールは一番上の引き出しに

もともと備え付けられていた包丁ラックはあえて使わず、引き出し用のラックを導入。

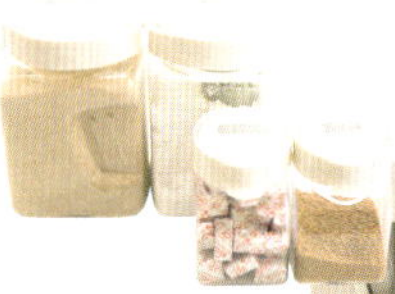

同じ規格だと
収まりやすい

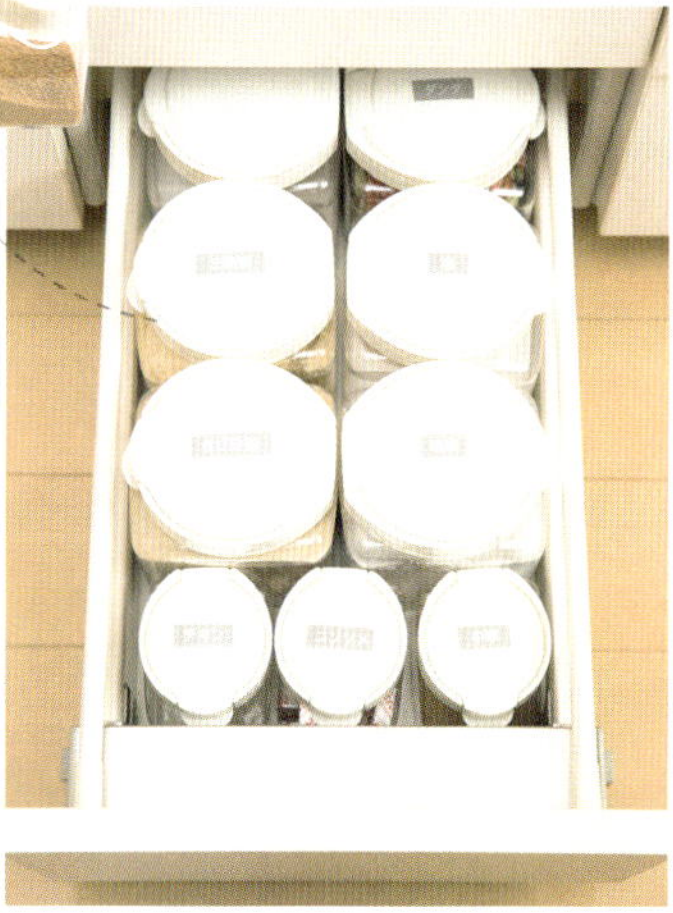

③ 調味料は保存容器に詰め替える

同シリーズの容器で揃えると見た目もすっきり。ラベリングで上からでもわかりやすく。

② 高さのある引き出しには調味料を収納

底には汚れ防止も兼ねて、IKEAの滑り止めシートを敷いておくと、お掃除も楽ちんに。

コンロ下

POINT

ラックでデッド
スペースの有効利用

コンロ下の大きな引き出しの上には吊り下げラックを取り付けて、バットを収納しています。さっと取り出せて便利。

④ フライパンは立てて収納

調理器具を収納している深い引き出しは、試行錯誤を重ねた末、今の感じに落ち着きました。フライパンは立てて収納することで取り出しやすく。

⑤ 鍋類はまとめて引き出しに収納

ル・クルーゼやストウブなど、重さと大きさのある鍋は一番下の引き出しに重ねて収納しています。傷が心配なものは、手ぬぐいで包んでから重ねています。

POINT

IKEAの伸縮式
ディッシュスタンド

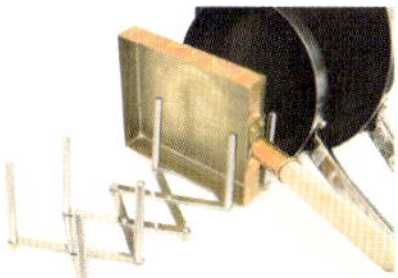

調理器具を立てて収納するためのスタンドは、引き出しのサイズに合わせて幅を変えられるものが便利で重宝しています。

ベッドルームのクローゼットは、右半分を私、左半分を夫が使っています。下に並べたIKEAの引き出しにはそれぞれ下着やパジャマなどを、真ん中には寝具を収納しています。オフシーズンのものは上のケースに移動。かさばるアウター類はワークスペースのクローゼットに収納しています。衣替えごとに見直しを行い、そのシーズンに一度も着なかったものは、これまでの経験上この先も着ることはないので、基本的に捨てるようにしています。

掛けると引き出しを使い分け

夫用　私用

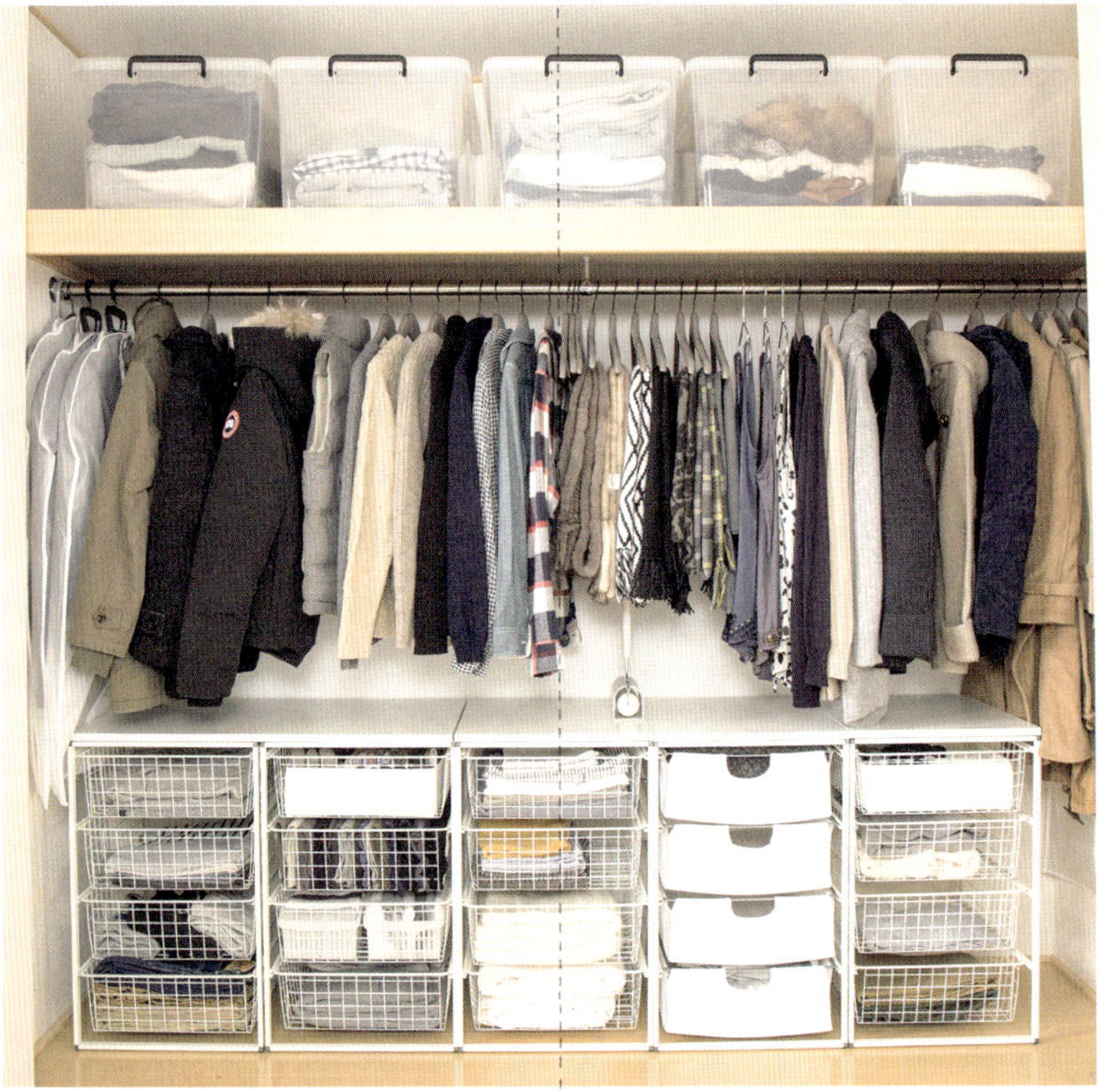

使うものと季節ものをしっかり分けて配置

選びやすく、取り出しやすいように、ゆとりを持たせて並べています。衣替えで季節ものは上の段へ。

IKEAの引き出しに収納

引き出しにはオフシーズンの洋服や小物類、タオルのストックを。上のケースには季節ものの靴を。

ミシン作業などの途中でもそのままの状態で置いておけるように……と作ったワークスペースですが、使わないときは、なるべくものを出したままにしないように心掛けています。色が混在しやすい雑誌などは無印良品のスタンドファイルボックスに入れればすっきり。裏向きにすると、表面がキレイに統一されます。IKEAのキャスター付き収納家具は、引き出せば作業台になって便利です。

引き出しを作れば出し入れも楽ちん

② 無印良品のラタンバスケットを引き出しに

キャンドルやフラワーベースなど出番待ちの雑貨や、CDなどを収納しています。バスケットは引き出しとしての役割も。

③ プリンター周辺機器はおしゃれなボックスに

必要だけどあまりむき出しでは置きたくないプリンターの周辺機器は、D&DEPARTMENTの箱でおしゃれに。

引き出しの中身もカスタマイズ

① ファイルボックスでものの量を把握

本や雑誌はスタンドファイルボックスに入るぶんだけ！と決めているので、納まらなくなったら見直しのサイン。

作業デスク／オープンラック

デスクまわりはすっきりシンプルに

多めの
引き出しで整理

② ラッピング用品は アイテムはごとにまとめて

マスキングテープはケースに並べて、スタンプやタグなどこまごましたものはファスナー付き保存袋に。

電化製品は戸棚に 隠して生活感排除

ミシンやアイロンなどの家電は戸棚の中に。収納場所を決めておくことで出しっぱなしになるのを防いでいます。

① 裁縫セットや布は ひと目でわかりやすく

裁縫道具はIKEAの仕切り付き収納トレイに入れています。出番待ちの布はずらして並べて、選びやすくしています。

WASH ROOM

毎日使う洗面台は、ものを出しっぱなしにしないことが基本。消耗品を入れている鏡裏のスペースは、ケースなどで整理しつつも、減り具合がわかるように透明や半透明のものを使っています。スペースがあまり広くない洗面台の下は、お手製の台と引き出しを使って、有効活用。台を入れたことで、置き場に悩んでいた体重計が収納できました。ボトルやケースは同じ色で揃えることで、統一感が出てすっきりした印象に。

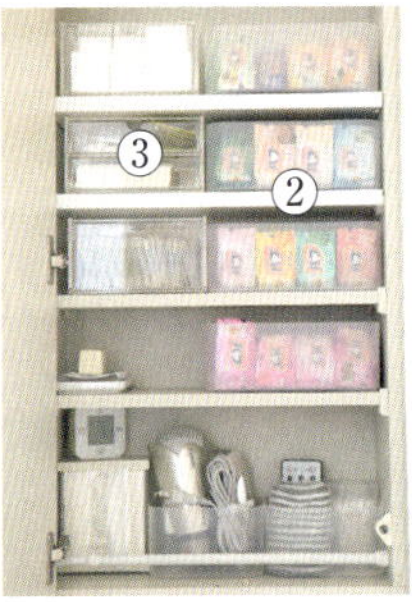

扉の中は
こんな感じ

タオルは
ここ

③ 消耗品は残量を把握しやすく

足裏シートなど消耗品は減り具合がわかるように透明の引き出しへ。カットしたメラミンスポンジは使い切りのお掃除にお役立ち。

② 半透明のケースで入浴剤を楽しく選ぶ

夫が好きな入浴剤は常に15種類以上は揃えて選ぶ楽しみを。半透明のケースなら色の氾濫を抑えつつもひと目で選びやすくて◎。

① タオルは立てて収納力をアップ

タオル類は引き出しの高さに合うように畳んで、立てて収納しています。

縦のスペースを活かして効率よく収納

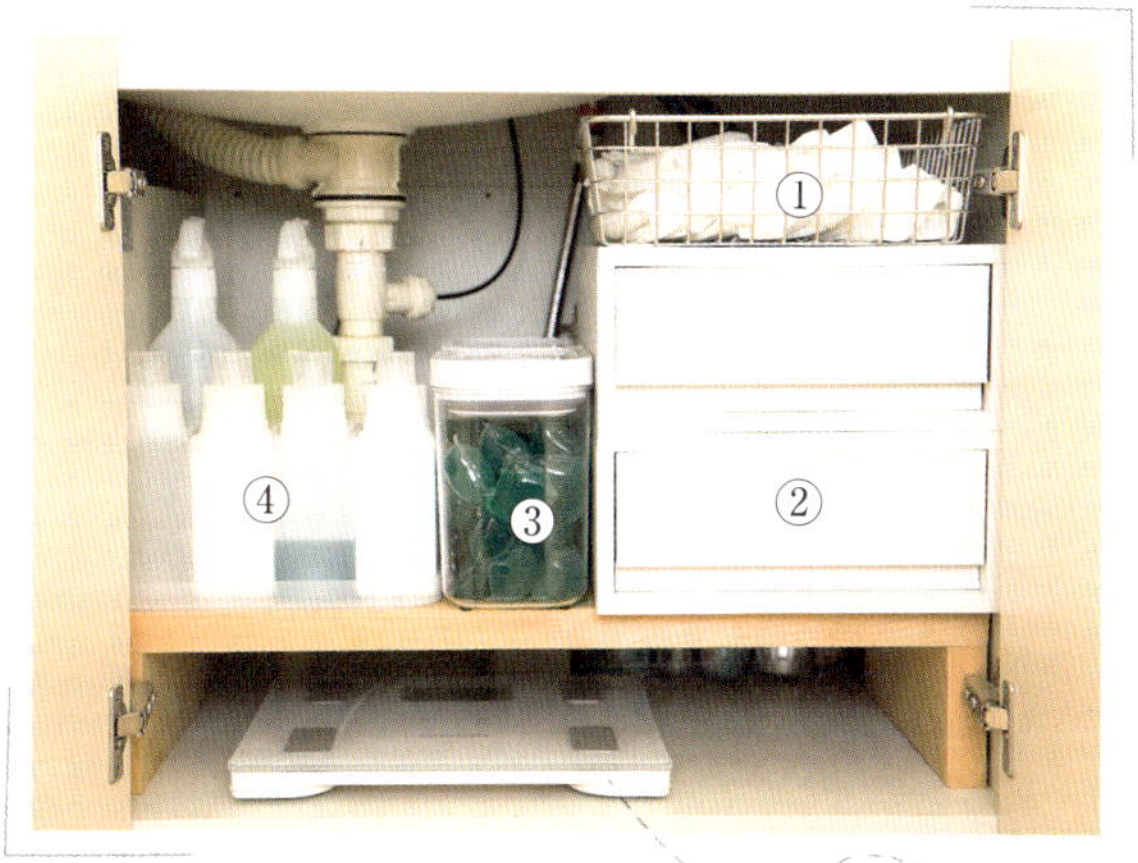

体重計は
下のスペースに

② 掃除グッズも散らからない工夫を

引き出しには外に出しておきたくないお掃除グッズを収納。100円均一で買った仕切りで中を区切って、使った後も戻しやすく。

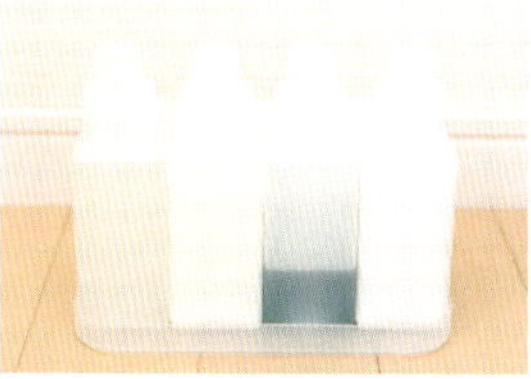

④ 洗剤ボトルはトレイにまとめて

洗剤や柔軟剤を入れたボトルは、下にトレイを置いて汚れを防止。こぼれても丸洗いできるので便利です。

③ 洗剤は透明ケースで残量をしっかり把握

サイズがちょうどよかったオクソーの密閉容器に洗剤をIN。透明なので残量が把握しやすくて便利。

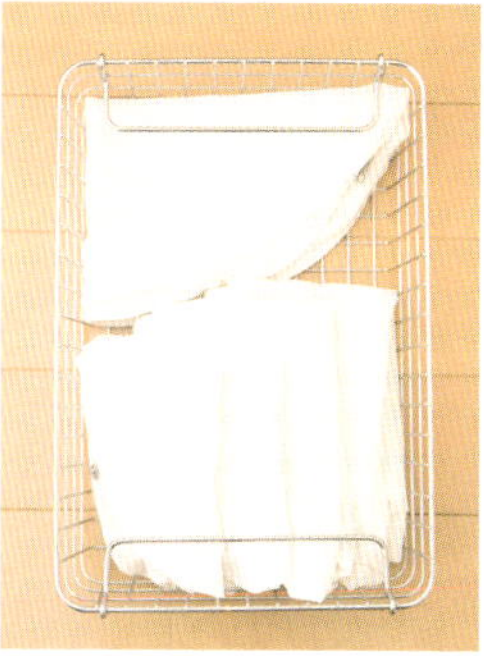

① 洗濯ネットは畳んでサイズ別に収納

洗濯ネットは使った後、そのまま洗濯物と一緒に干して畳むようにしています。サイズ別に持っています。

上手く活用できていなかった玄関の収納スペースに、無印良品のファイルボックスと収納ケースを組み合わせてはめ込んでみたら、これが気持ちいいくらいにぴったり！主に外や玄関まわりで使うものを集めて収納したことで、とっても使い勝手がよくなりました。来客用スリッパや、収納場所に困っていた古新聞や古タオルもここに。ラベリングで夫にもわかりやすくしています。

無印良品の収納用品で空間を最大限に利用

扉の中はこんな感じ

玄関

分けると入ります

① 種類別にまとめて ファイルボックスにIN

洗車グッズやお墓参りセット、殺虫剤など外で使うものは玄関に収納しておくと◎。マキタの充電器もここに。

③ お掃除アイテムは 種類別に取り出しやすく

フローリングシートやマイクロファイバークロスは、家だけでなく車の掃除にも使うので玄関に収納しています。

② 梱包グッズや靴磨きは 玄関にまとめておく

玄関でしか使わない靴磨きグッズや、部屋に持ち込みたくないダンボールを解体するための道具は引き出しに。

⑤ 使うときにさっと取り出したい ものはオープン棚へ

キッチンで生ごみの処理などに使う古新聞はここにためておいて、時間のあるときに1枚ずつ畳んでキッチンへ。

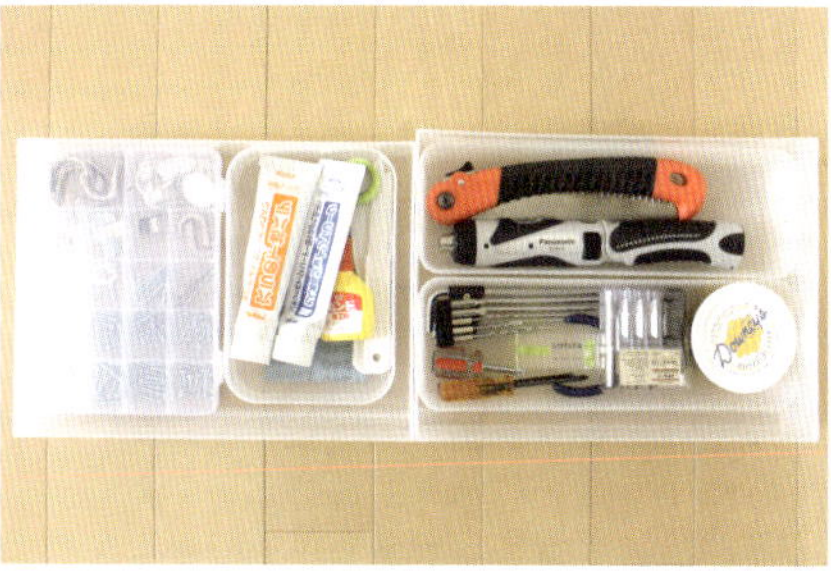

④ 細かいものは引き出し内で さらに仕切って収納

工具などの形の揃わないものは、ケースを使ってグループ分け。ビスなどは100円均一の仕切り付きケースに。

納戸　STORE ROOM

2階の廊下にあるクローゼットには日用品ストックを収納。すのこで簡単な棚を作り、ファイルボックスやケースで引き出して使えるようにしています。きちんと整理をして、残量を確認しやすくすることで買い忘れや買いすぎの防止にもなっています。両サイドの壁にはフックを取り付け、ブラインドブラシなどの掃除道具を掛けて収納しています。

扉の中は
こんな感じ

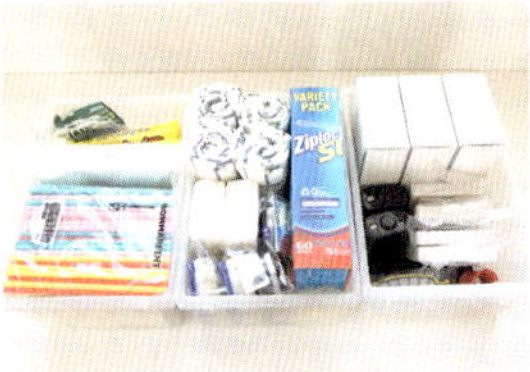

① 棚に置くアイテムもケースで取り出しやすく

一番上の段にはスポンジやクロス、ストローなど、キッチンで使う消耗品を収納しています。ボックスで散らかりを防止。

POINT
納戸のサイズに
合った棚を手作り

高さのあるクローゼットは、棚を作って空間を有効利用すると◎。収納力も格段にアップします！

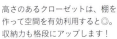

階段下の備え付け収納

サイドボードの引き出し

仕切り板の高さを調節して上手に使う

奥行きがありすぎて使いづらかった、リビングにある階段下収納は、棚板を付けて改造。使わないキッチンアイテムが、ここにまとめて入るように。

戻す位置がわかるようにデイリーアイテムも仕分け

1段目には、ラベルライターや毛玉取りクリーナーなど日常的によく使うものを。2段目には、私のバッグの中身を収納しています。帰宅後はここへ戻すのを習慣に。

COLUMN

コードや配線もしっかりしまう

ひとまとめに

コードはサイドボードにさしたピンに掛けて下から見えないように工夫。LANなどはファイルボックスにまとめて。

まとめる

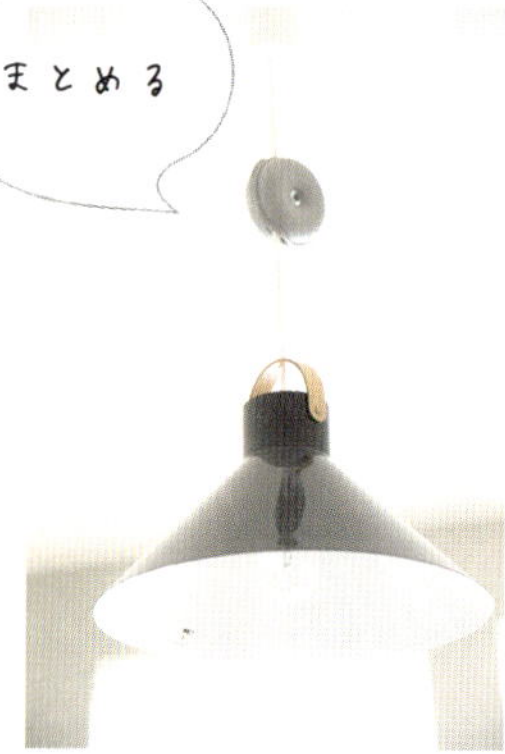

壁と同色のクロスが貼ってあるコードカバーを使えばよりなじんですっきりと。コードリールはあえてコードとは違う色を選んでアクセントにも。

隠す

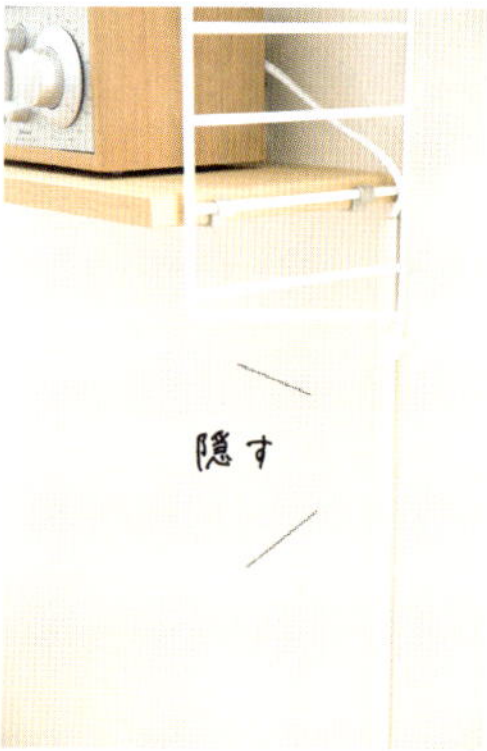

沿わせる

どんなに部屋を整えていても、だらんと垂れ下がったコードや配線があるとそれだけで残念な印象に……。隠せる場所はとことん隠し、コンセントの位置などで見えてしまう部分は、専用のアイテムを使ってできる限りの工夫をしています。長年悩みの種だったルーター類はチェスト内に収納することで解決しました。

PART 5

Ducks Homeの暮らし方

すっきり&キレイを保つ家事のコツ

日々の積み重ねで心地よく暮らす

日々暮らしていくなかで、家事はもちろん、どんなことでもためずにやることを心掛けています。例えば掃除は毎日することはもちろんですが、年末の大掃除頼みにならないように、水まわりや換気扇なども月ごとにプチ大掃除を行っています。インテリアについても、ものを出しっぱなしにしないように収納場所に戻す工夫をする、気になった場所は放置せずに早めに解決するなど、心掛けています。

毎日行う家事はちょっとでもスムーズにできるように、流れを決めておいたり、使う場所に合わせてアイテムを集約させたりと暮らしやすい工夫をしています。

家事のタイムスケジュール

6:00	起床
7:00	夫出勤
	見送り後、使ったタオルで洗面所を拭いて、洗濯機を回し洗面所、廊下、階段に掃除機をかける
	ベッドを整えたらロボット掃除機のスイッチオン
7:30	朝ご飯を食べる
8:00	洗濯物を干す
	基本はラックを使って部屋干し
9:00	リビングを掃除、ブログを書いたり読書
12:00	昼ご飯を食べる、ブログを書いたり読書
16:00	買い物
18:00	夫の帰宅前にハンディクリーナーでリビングを掃除
18:30	夜ご飯の準備を始める
19:00	夫帰宅
20:00	夜ご飯を食べる、お風呂
24:00	就寝

まめまめしく、そして楽しく掃除する

朝、夫を見送った後、まずは使ったタオルで洗面台をキレイに拭いたら洗濯機を回し、続いて洗濯機横に収納しているコードレスクリーナーで、洗面所、廊下、階段までの掃除を済ませておくのが日課です。朝食前にここまでしておけば1日の動きがスムーズになるのです。以前は年末の大掃除にまとめて行っていた換気扇などの掃除も、2年ほど前からは月末ごとに行うようにして、汚れをためこまないようにしています。洗濯機やお風呂場も2ヶ月に1度のペースで念入りに掃除することで、大掃除がすごく楽になりました。未来の自分のために、毎日ちょこちょこがんばっています。

かわいい掃除道具で テンションを上げる

掃除道具を選ぶときは、機能性はもちろんですが見た目のかわいさも重要です。面倒に思える毎日の掃除も、お気に入りのアイテムを使えば気分も上がり、はかどります。

細かいブラインドは 専用ブラシが活躍

ドイツの老舗ブラシメーカーREDECKERのブラインド専用ブラシ。羽根をはさんでスーッと動かすだけで、あっという間にほこりが取れる優れもので、掃除も楽ちんです。

洗濯は効率よくミニマムに

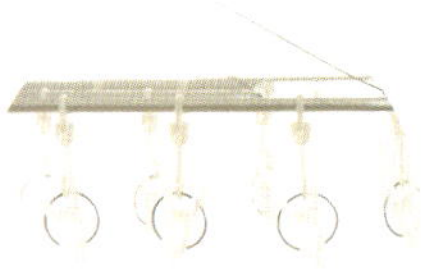

洗濯も朝の掃除の流れで一緒に行うのが日課です。基本部屋干しをしているので、普段ハンガーラックは出しっぱなしにしています。少しでもすっきり見えるように洗濯グッズは、すべてシルバー×白のシンプルなもので揃えるようにしています。

洗濯ではもうひとつ、洗剤や柔軟剤を入れるボトルや染み抜きなどのスプレーボトルにもこだわっています。すべて白で揃えたくて合うものを少しずつ探してようやくすべてが揃いました。毎日行う単調な作業も、道具の力を借りて少しでも楽しくなるようにしたいと考えています。

折り畳めるハンガーラックに基本は部屋干し

シルバー×白のシンプルなものを愛用。伸縮式でとても便利で、布団もここで干しています。普段は出したままですが、いざというときはコンパクトに畳めるのでクローゼットに収納することも。

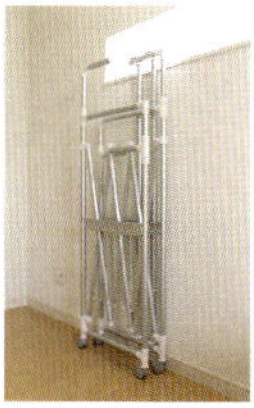

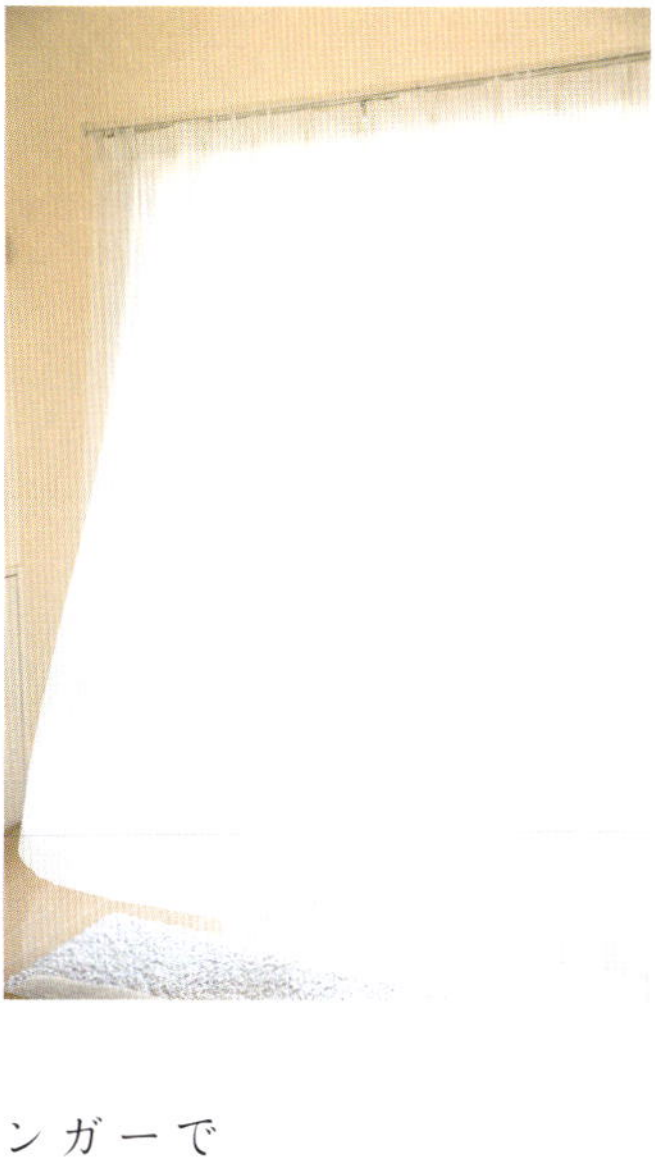

洗ったカーテンは掛けてそのまま乾かす

月に1、2回のペースで洗濯するカーテン。脱水が終わったらそのままカーテンレールに戻して干します。窓を開けておけば、あっという間に乾くし、部屋中いい香りに。

シンプルなハンガーで気分を上げる

ハンガーや洗濯ばさみも、ラックと同じシルバー×白で揃えています。買い足しやすいように無印良品のものを愛用。同色だとすっきりとした、まとまった印象になります。

苦手な料理は楽しくするための工夫が大事

作ること自体は好きなのですが、正直あまり得意とはいえない料理。メニューのレパートリーも少なめです。そこで、最近はオイシックスのキットを利用することも増えました。短時間で簡単に2品作れるだけでなく、スムーズな工程や時短のための斬新な調理法なども学べて大助かりです。

献立を決めたら初めにするのが食器選び。選んだ食器はすぐに盛り付けられるように、トレイに並べて準備しておきます。料理ができ上がったらトレイごと食卓へ。食べ終わった後もそのままキッチンへ戻せて、楽ちんです。

食器は料理をする前に準備しておく

調理前には食器を準備しておくのが習慣。火を使うときも、これならあたふたせずに盛り付けができます。どの食器を使うかゆっくり選べるので、食器のマンネリ化も防げます。

作り置きの料理があれば時短にも

日持ちする常備菜などを作っておけば、あと1品……というときに便利。残り野菜で簡単にできるピクルスはよく作ります。weckのビンに詰めると見た目もかわいくて気分がUP。

簡単でおいしい便利なキットを利用

簡単でおいしい無印良品のレトルトは大好きでよく利用します。一人のときのお昼ごはんに便利なので、いつも引き出しに数種類をストック。新商品が出るとつい買ってしまいます。

ごみ箱の使い方と配置を工夫してキレイをキープ

どうしても生活感が出てしまうアイテムのひとつでもあるごみ箱ですが、インテリアを優先しすぎて完全に隠してしまうと不便なので、木製のものを選んだり、ごみ箱という概念にとらわれずランドリーバッグなどの形状の似たもので代用したりして、インテリアに少しでもなじむように工夫しています。

リビングで使っている無印良品の木製ごみ箱は、我が家の家具との相性もよくてお気に入り。ビニール袋が見えないように二重にして、ソファの裏側など目立ちにくい場所に置いています。

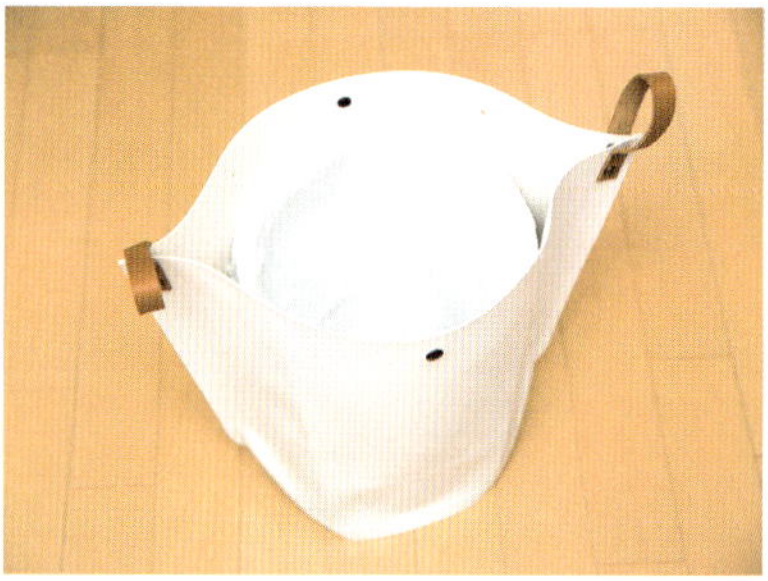

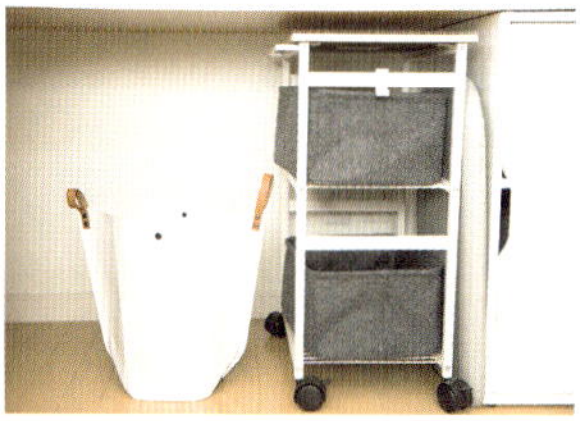

ごみ箱を二重にして
ごみ袋は見せない

ごみ袋が見えてしまうと、生活感が出て気分もダウン。サイズ違いのごみ箱やランドリーバッグと重ねることで、中に被せたごみ袋を隠しておしゃれに見せています。

インテリアの一部にして
他にも用途を見つける

キッチンで使っている無印良品のごみ箱は、キャスターを付けて可動式に。窓から陽が差し込む日中には、上にトレイと椀かごを置いて洗った食器を干すこともあります。

手を抜く、抜かないを決めてメリハリを

毎日行う家事だからこそ、すべてに全力投球すると疲れてしまいます……。ロボット掃除機や食洗機などに頼って、手を抜けるところはとことん手抜きを。逆に手を抜かないと自分で決めたところはしっかり守って続けています。例えば水まわりの2ヶ月に一度のお手入れや、キッチンの月1掃除など。どちらも最初にきっちり汚れを落としてから始めた習慣なので、掃除自体はとっても簡単であっという間です。汚れが付く前に掃除している状態なのでいつでもキレイをキープ！　私にはこの方法が一番合っているようです。

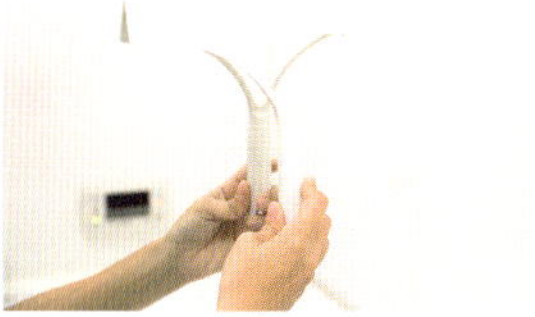

スクイージーで鏡のうろこを防止

お風呂場の鏡はうろこができてしまうと落とすのが大変なので、入浴後は必ずスクイージーで水分を取るのを習慣にしています。夫にも協力してもらってピカピカをキープ。

ソファカバーは月に一度の洗濯で清潔に

ソファカバーはパッと見はキレイでも意外と汚れているものなので、月に一度は洗濯するようにしています。洗濯している間にフレームも拭き、常にキレイを心掛けます。

寝室の掃除はロボット掃除機に

ベッドルームの掃除は毎日ロボット掃除機にお任せしています。ベッドの下など手の届きにくい部分も、これならスイスイ。毎日の家事がひとつ減って本当に楽になりました。

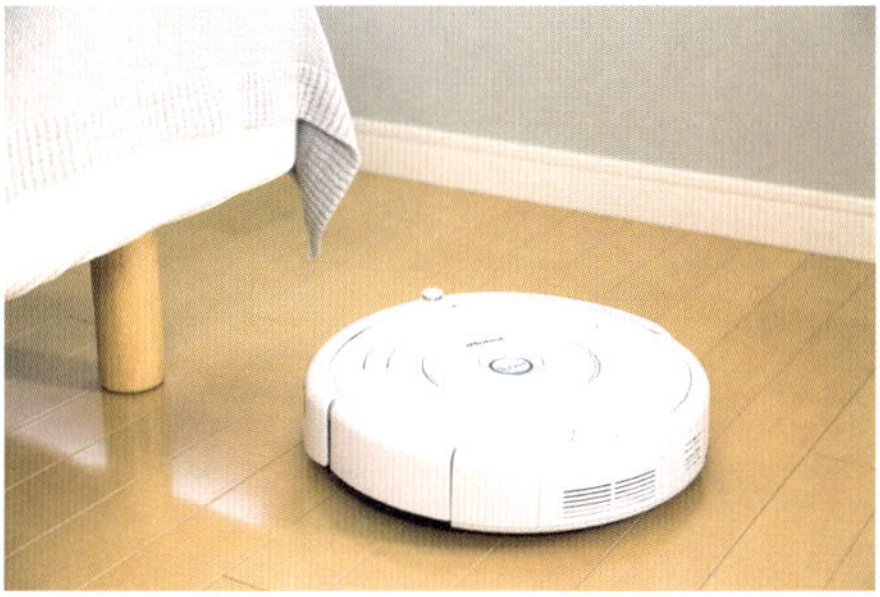

換気扇や五徳は食洗機で丸洗い

汚れがたまると厄介な換気扇や五徳は、毎月末にまとめて食洗機で丸洗い。習慣にすればそれほど面倒に感じることはありません。なんといっても年末の大掃除が楽です！

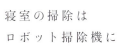

捨てる、とっておくを見極めてものをためない

使っていないけど捨ててしまうのはちょっと……というものは、1ヶ所にまとめて屋根裏収納へ移動。そこでしばらく寝かせた後、次の見直しの時期にもう一度どうするのか判断して、決めるようにしています。基本的に見直すのは年に2回の衣替えの時期ですが、普段から無駄なものはないかをこまめにチェックして、なるべくものをためこまないように心掛けています。最近では捨てるのが惜しいものは宅配買取サービスを利用するようにしています。すっきりした上に、思いがけずうれしい臨時収入になることも！

リビングに一時置きで時期がきたら処分

たまる一方の雑誌は、読んだ段階で残すか捨てるか判断。残すと決めたものは2階のワークスペースへ。捨てるものはリビングのサイドボードに一時置きして読み終えたら処分。

DMは冷蔵庫に貼って期限が過ぎたら処分

ため込みがちなダイレクトメールなどの郵便物は、冷蔵庫に貼って期間が過ぎたら迷わず処分。あえて目立つところに貼ることで、ためこまずに捨てる習慣が身につきました。

今季着なかった服は惜しまず捨てる

そのシーズンに一度も袖を通さなかったものは、衣替えのタイミングで迷わず処分するようにしています。最近は宅配買取サービスを利用して、引き取ってもらうことも。

季節の変わり目の入れ替えで見直し

大好きな食器も定期的に見直しをしています。洋服のように季節ごとに入れ替えをするので、そのタイミングで使っていないものは処分……を意識するようにしています。

COLUMN

賢くいいものに出合う買い物術

我が家にある家具や雑貨の多くは、実店舗はもちろんですがネットで購入することも多いです。お気に入りのサイトは小まめにチェックして再入荷などのタイミングを逃さないようにしています。たまたま覗いたら探していた商品が入荷していた！なんてことも。ネットではたいていいつも同じ店で購入するので安心感がありますが、初めて利用する店の場合は、他の方のレビューをしっかりとチェックするようにしています。

ネットショッピングのポイント

レビューは悪い評価もしっかりと読む

買い物をするときに必ずすることは、レビューをしっかりと読むことです。ついいいことばかりに目が行きがちですが、悪い評価もチェック。どんなに商品がよくてもお店の対応の評価が悪い場合は買わないことも。

お気に入りショップはマメにチェックする

次のページから紹介するお気に入りのサイトは、買うものがないときにもマメにサイトをチェックしています。雑貨の飾り方やインテリアなど参考になる部分が多くて、見ているだけでも楽しめます。

日用品や消耗品は買いまわりイベントで

トイレットペーパーなどのかさばる日用品や、コンタクトレンズもネットで購入しています。楽天の買いまわりイベントなどを利用すればお得に購入できるので、その時期に合わせてストックの数を管理しています。

ヴィンテージ家具など大きな買い物は慎重に

ネットで家具を買うときは、お店に直接電話をして質問をしたり、商品ページの写真の他に気になる部分の写真を送ってもらったりすることも。納得がいくまで情報収集をしてから、購入するかどうか決めます。

MY FAVORITE INTERNET SHOPS

北欧好き初心者も安心

haluta ONLINE SHOP

http://www.e-traffic.co.jp/

北欧家具や雑貨を中心に取り扱う店舗の通販サイト。デンマークからひと月ごとに直輸入するヴィンテージ商品をはじめ、自社のプロダクト商品もラインナップ豊富。我が家のヴィンテージ家具のほとんどは、ここで購入しています。

人気北欧ブランド勢揃い

北欧、暮らしの道具店®

http://hokuohkurashi.com/

イッタラ、アラビア、ロールストランドなどの北欧食器や、アルメダールス、マリメッコなどの北欧雑貨が数多く揃っているのが魅力。商品説明のページやスタッフの方たちのコラムを読むだけでも楽しいので、いつもチェックしています。

商品数は約7000！

無印良品ネットストア

http://www.muji.net/store/

お店を見つけると無意識に吸い寄せられてしまいます（笑）。実店舗ではもちろん、大きくてかさばる商品はネットストアで購入。我が家の収納は無印良品でできていると言っても過言ではないくらい、なくてはならない存在です。

世界中の
かごが集合

世界のかご カゴアミドリ

http://kagoami.com/

日本だけでなく、世界中のかごを扱う専門店。天然素材から生まれる手仕事のかごが揃っています。北欧のかごやトレイなども多く種類も豊富なので、欲しいかごがあるときは、まずこちらをチェックするようにしています。

お散歩気分でお買い物

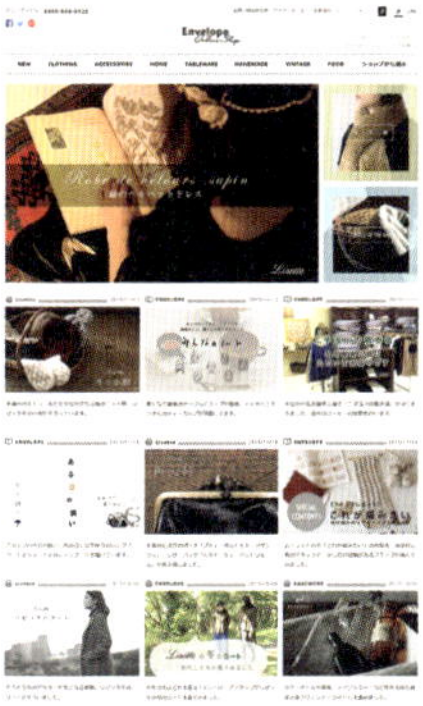

エンベロープ
オンラインショップ

https://www.envelope.co.jp/

リネン生地や洋服、器やかごなどの生活雑貨を販売。いくつかの小さなお店がサイト上に集まって運営している、オンラインショップです。大好きなイイホシユミコさんの“オクシモロン”シリーズはこちらで購入しました。

滋賀にあるショップ

vokko

http://vokko-net.com/

店主が北欧で買い付けてきたヴィンテージ食器や雑貨が充実。カフェが併設された実店舗も素敵で、年に数回ドライブがてら夫婦で遊びに行きます。ご主人が淹れるコーヒーと奥さん手作りのケーキも絶品です。

おわりに

パソコンが使いこなせるようになりたかった。ちょこちょこやっている部屋の模様替えを記録として残したかった。毎日家事を頑張っていることを夫に知らせたかった（笑）……。ブログを始めたのはそんな理由からでした。思いもかけずそこに少しずつコメントをしてくださる人が増え、自分の好きなものに共感してもらえることがうれしくて、ここまで続けることができました。憧れの暮らしを目指して始まった我が家の〝北欧化〟は、食器からファブリック・雑貨へ、そしてヴィンテージ家具へと進化してきましたが、まだまだ発展途上の段階です。これからも、居心地のいいインテリアを目指し、自分らしいスタイルを探し続けていきたいです。

miki

STAFF
Photographer 田辺エリ、miki
Editor & Writer 岩越千帆、石原輝美、印田友紀（smile）、酒井明子、
山田都喜子（宝島社）
Designer APRON（植草可純、前田歩来）
DTP 茂呂田剛（M&K）

＊本書に掲載されている情報は、2015年11月現在のものです。
本書発売後、商品の価格や仕様などは、変更になる場合があります。
＊掲載商品はすべて著者の私物です。現在入手できないものもあります。
＊上記の点につきまして、あらかじめご了承ください。

ブログ 「Ducks Home」
http://plaza.rakuten.co.jp/mikipan/

Ducks Home
～シンプル北欧スタイル暮らし～

2016年1月26日 第1刷発行
2016年6月3日 第3刷発行

著 者 miki
発行人 蓮見清一
発行所 株式会社宝島社
〒102-8388
東京都千代田区一番町25番地
電話 営業 03-3234-4621
編集 03-3239-0927
http://tkj.jp
振替 00170-1-170829（株）宝島社
印刷・製本 図書印刷株式会社

ISBN978-4-8002-4919-7